安岡正篤先生からの手紙

師は弟子に何を伝えたか

伊與田覺

Iyota Satoru

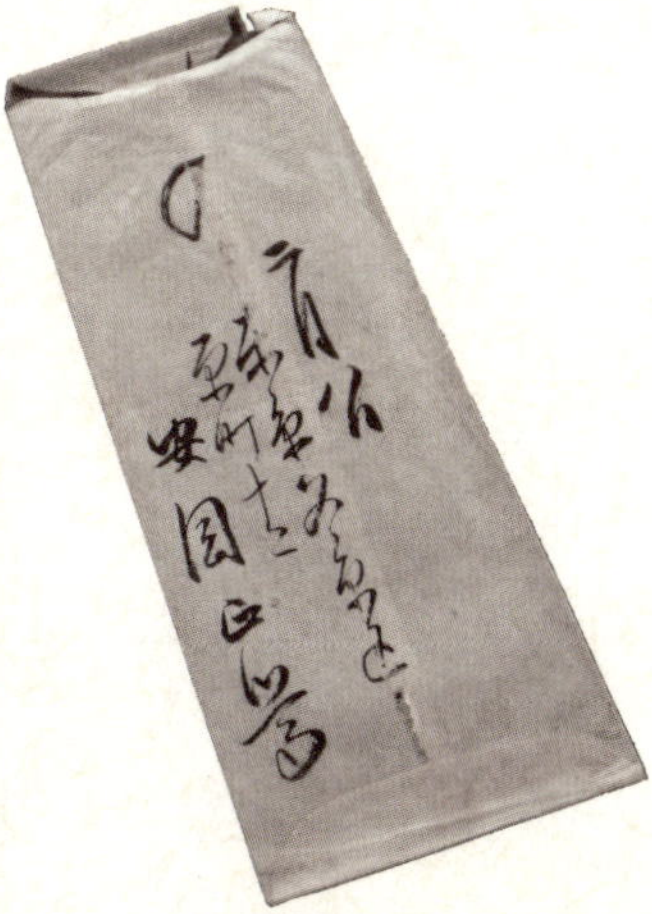

致知出版社

まえがき

大学生の精神道場、有源学院創立（昭和二十八年―一九五三年）の翌年、生涯の師父と仰ぐ安岡正篤先生が、思いがけなく不肖の弟子の陋屋《ろうおく》で一夜お泊まり下さいました。そうして翌朝、反切《はんせつ》に「啐啄同機《そったくどうき》」の四文字を大書して帰られました。有源学院に続いて関西師友協会の結成、成人教学研修所の創立、論語堂の建立、次いで孔子七十七代直裔孔徳成先生の邀請《ようせい》等すべてその実証でした。

先生が昭和五十八年（一九八三）十二月十三日、八十六歳で他界されるや、堰《せき》を切ったように、遺著や評論等が各方面から競うて出版され、再び天下の有名人となられました。

しかし私にはご生前「仰げば弥々《いよいよ》高く、鑽《き》れば弥々堅くして、これに従わんと欲すれども由なき」存在でした。今や私は先生の年を九つも越しながらその歎きはいや増しに増すばかりです。

私は土佐のいごっそうで、若い頃には先生の論説に対しても忌憚《きたん》なく激論し、遂に土佐犬と呼ばれたこともありました。

人の生き方には、誰しも表裏があるわけですが、私が先生から遂に離れ得なかったのは日本の着物の如く、その裏地のうるわしさに魅せられたからでした。

戦後、先生が長い追放から解除されるにあたり、いちはやく大阪の真摯《しんし》な青年十名が結束して先生の長期にわたる道学の講義を懇願いたしました。先生も響《ひびき》の声に応ずるように直ちに快く諒承されて、昭和二十六年（一九五一）の末から「先哲講座」と称して開講したのです。それからほとんど二か月おきに、万難を排して約三十年、続講して下さったわけです。その間、一度も謝礼を受け取ってはくれませんでした。

ある時、奥様が危篤に陥られたことがありましたが、先生はこれを秘してご臨講下さいました。その実情を知るのは只私一人でした。先生は表面平然としておられましたが、さすがに心配されて、三時間おきくらいに病院に電話をされてご容態をお聞きになられました。そして先生が電話室から出られて、私に小さなお声でささやくように「私は謝礼の出るような講義だったら断るのだがねえ」と漏らされました。

私はその純一無雑な先生の道心に非常な衝撃を受け、たちまち眼頭の熱くなるのを覚えました。一方、奥様にもしものことがあれば、ご親族の方々からも一生怨まれることになるがと、ひそかに日々、ご本復を神願いたしました。幸いにその後、奥様は奇蹟的に快復され、爾来《じらい》大阪にもたびたびお揃いでおいでを願うことができました。

この「先哲講座」の講録は大部な『活学』三冊にすべて収めておきましたの

で、歿後《ぼつご》たちまち各方面から注目され、先生の思想学問の顕揚《けんよう》に活用されるようになりました。

ところで人物の真骨頂は、案外その人の日記や書簡によく表れるものです。中でも不遇時代のものほど、その真実を窺《うかが》う縁《よすが》となるものと思います。私は不思議な道縁によって先生の不遇時代を中心に二百余通の親翰《しんかん》を頂き、大事に保存してまいりました。

ある時ふと先生を夙《つと》に敬仰してやまない致知出版社の藤尾秀昭社長さんに話したところ、是非にというので十五通を選んで披露いたしました。それをいつしか編集部の高井真人さんが大変、苦心をして整理されました。

しかし私は、生前にこれを上梓することは毛頭思ってはおりませんでしたが、益々乱れ行く世相を見るに忍びず、天上にましますます先生に枉《ま》げてお許しを賜るようお願い致した次第でございます。

ここに藤尾秀昭社長さん、及び柳澤まり子専務さんのひたむきなご心情と高井真人さんのご労苦に対して深甚なる敬意と謝意を表する次第でございます。

平成二十二年六月十五日

有源舎に於いて

九十五迂叟　伊與田　覺

安岡正篤先生からの手紙　目次

第一章　安岡正篤先生との出会い

第二章　太平思想研究所の設立と安岡先生の追放時代

第三章 有源学院と関西師友協会

第四章　成人教学研修所の創立

装幀――川上成夫／写真――吉田三郎／編集協力――柏木孝之

第一章

安岡正篤先生との出会い

五十年の師弟関係

私が安岡先生に初めてお会いしたのは数え年で二十歳のときでした。先生は十八年上なので、そのとき数えで三十八歳。すでに代表的な著作はほとんど書いておられた頃です。

先生との出会いのきっかけをつくってくれたのは師範《しはん》学校でお世話になった長沢準平先生です。その経緯を思い出すままにお話ししますが、私は高知県の片田舎で生まれ、大阪に出て師範学校に入りました。

あたりで上級学校に行く人はほとんどありませんでした。そのため、万一挫折したら近所に合わせる顔がないと思ったのか、父から「一度家を出た以上は一人前になるまでは帰ってくるな」と言われておりました。

師範学校の先生方は割合田舎から出てきている人が多くいて、自分が国許《くにもと》に帰るときに、一人寄宿舎に残っていた私に留守番を頼むのです。私はそれを引き受けました。というのも、先生の家に行くといろいろな蔵書がある。「自由に読んでよろしい」と言うから、私には何よりの勉強になるんです。これが評判になって、先生方が次から次に「今度はわしのとこや」と留守番を頼みにくるようになりました。

そういうことで長沢準平先生にも留守番を頼まれたのです。先生は国文学、漢文学に堪能《たんのう》で、私は先生の家の留守番をしながら、心おきなく蔵書を読むことができました。昭和十年の夏のことです。

そのうち長沢先生が田舎から帰られました。そのとき先生が「安岡という立派な先生がおいでになる。近くの箕面《みのお》の金雞書院《きんけいしょいん》でお話があるので行かないか」と私を誘ってくださったのです。

安岡先生は当時三十八歳でしたけれども、各種の漢籍《かんせき》を駆使《くし》しながら時世《じせい》を論じられていた。こんな人が世にいるのかと、私はびっくりしました。講義が終わった後、長沢先生が私を親しく紹介してくださった。これがご縁です。先生がお亡くなりになったのが八十六歳のときですから、それから四十八年間師《し》事《じ》したことになりますね。

もっとも師事といっても、初めのうちはそれほどのことはなかった。もちろんぞっこん惚《ほ》れこんでしまって『東洋倫理概論』を読んだときは、感激のあまり、一週間くらい空中を飛んでいる感じでした。

ただし、関係が一層深くなったのは、私が学校を卒業して二、三年たった頃からでしょう。講演があるといえば聞きに行って、問答をするようになりました。

しかし、最初は必ずしも先生と意見が一致したわけではありません。むしろ

昭和28年頃、大阪駅頭で安岡先生と

意見を異にして議論することが多かったように思います。

そういう始まりでしたけれど、それから約五十年間、師と弟子の関係で先生の背中を見ながら歩むことになりました。

母の死で実証された安岡先生の名声

先生は中学を卒業して東京に出ると、一高に進みます。その頃には社会的名声を上げたいという気持ちもあったようで、そういう希望を友人や郷里の人に話していたそうです。

ところが、秀才の誉《ほま》れ高い抜群の人であったのに大学を出てからもなかなか名前が聞こえてこない。それで、みんなちょっと失望を感じておったようです。

そのうちに実のお母さん（堀田家の母。先生は堀田家から安岡家へ養子に入られている）の病気が篤《あつ》くなって、先生は東京の生活を放擲《ほうてき》し、密《ひそ》かに故郷に帰ってお世話をすることになりました。その時分、先生のご両親は大阪の瓢《ひょう》簞《たん》山――近鉄に瓢簞山という駅があります――に住んでおられましたので、そこへ帰られたわけです。

当時、先生は数え三十五歳になられていました。昭和二年、三十歳のときに金雞学院を創立し、その存在が東京でぼちぼち知られるようになっていた頃です。だから、急に先生がおられなくなったというので、東京の知人は、ずいぶん心配したようです。

やがてお母さんの看病に帰っているということがわかると、当時の有名な人々から実家にお見舞いが届きます。それを見て、あまりうだつが上がらないなと思っていた郷里の人々は、ああ、やっぱり東京では随分活躍しているのだと納得するわけです。

結局、お母さんは看病のかいなく亡くなられましたが、その葬式のときには、名前の知れた人たちから弔電《ちょうでん》が来るわ、わざわざ遠方からも弔問《ちょうもん》にやって来るわ。家から墓地までだいぶ距離があるんですけれども、ずっと行列が続いたそうです。そこで故郷の人は、先生を見直すんですね。

「私は陽明学者ではない」

先生は道を求めるといいますか、目指すところがちゃんとしておりました。学者として名を成すというのが第一ではなかったんです。だから、学者になろうとして勉強をしたわけではなくて、道を求めて勉強をしていたわけですね。王陽明《おうようめい》の研究にしても、道を求めるというのが出発点だったでしょう。ところが、先生が書かれた『王陽明研究』が非常に洛陽《らくよう》の紙価《しか》を高《たか》らしむというように、よく読まれた。だから一般の人は安岡先生は陽明学者、陽明の研究者だという認識だったでしょう。

ところが先生は、「私は陽明学者ではない」と言われていた。「しかし陽明を疎《おろそ》かにしているわけでもない」とね。

要するに、先生は「陽明の学んだものを学ぼう」としていたわけです。陽明学というと一つの限定されたものになるから、陽明学者と呼ばれることを嫌ったのでしょう。自分はそこに閉じ込められるようなものではないという気持ちがあったようです。

だから先生は、「朱子を疎外《そがい》したわけではない」とも言われていました。その証拠に、後に明徳出版でしたか、『朱子学体系』という全集を監修されたときの最初の解説は先生が書いておられます。

当時は陽明学だとか朱子学だとかいって学派を判別することが一般だったときでしたから、自分はそういう範疇《はんちゅう》に入れられたくないという気持ちだったのでしょうね。自分は形骸《けいがい》化した学問を学んでいるのではなくて、生きた学びの本質をつかむために勉強をするのである。陽明学とか朱子学に閉じ込められるものではなく、それらを通じて孔子が求めようとしたものを求めているんだ、というお気持ちだったのだと思います。

ですから私にも、「自分の学に閉じ込められることなく、もっと自由な立場で勉強せよ」とおっしゃっていました。「自分の学」というのは安岡先生の教えということです。

安岡先生の求められた道を求める

大塩平八郎（中斎《ちゅうさい》）も安岡先生と同じように言っています。

彼は一般には陽明学者の範疇に入れられますけれども、「あなたの学はいかなるものか」と聞かれたとき、

「私は陽明学でも朱子学でもない。強《し》いて言うならば仁の学だ。孔子が求めた仁を自分もまた求めていく」

と答えています。人は中斎を陽明学者と呼んでいるけれども、彼自身はそれを否定していたわけです。

そういう意味で、私は安岡先生に付いて、より根本的な道を学ぶことを心がけていました。安岡先生の著書を何冊か読んで、「自分は安岡教学を勉強して

いるんだ」というのではなく、「私は安岡先生が求められた道を自分も求めるのだ」と。すなわち、安岡教学の淵源《えんげん》に自分も挑むつもりで学んできたわけです。

先生の求められた道を求めるというのは、先生がお望みになったことでもあるわけですね。

安岡先生が本来言っている学というのは、孔子が求めていた学で、人間の歩むべき道を求めるというものでした。先生ご自身も、そういうものを学ぶために勉強し続けていたので、私もそれを受け継いでいきたいと思ったわけです。

古今東西の学問に通じる

私は人生に対する悩みを青年時代から持っていました。それを解くために儒教、神道、キリスト教、仏教と次々に遍歴《へんれき》をしていきました。

安岡先生も道を求める学問をご自身が追求されてこられたから、儒教、神道も儒教も仏教も老荘も、あるいは西洋の哲学も学ばれておられました。

これは別に、知識を蓄《たくわ》えて学によって名を上げようといった動機ではなかったわけです。しかし、万巻《まんがん》の書を読んでおられるから知識面でも非常に秀でたところを持っておられたし、それを自由に駆使しながら教えられたのです。

つかみきれない人

安岡先生がお亡くなりになって、まだ三十年もたっておりませんので、世間の先生の評価はいまだ定かではないようです。おそらく、五十年か百年かすると、その評価は決まってくるのではないかと思います。

私自身、安岡先生がどういう存在だったかと問われれば、結局、最後までつかみ切れないところがありました。今でもまだ、そう感じるところがあると言わざるを得ません。

『論語』に「これを仰げば弥々《いよいよ》高く、これを鑽《き》れば弥々堅し。これを瞻《み》るに前に在り、忽焉《こつえん》として後《しりえ》に在り」（子罕《しかん》第九―一一）とありますが、ちょうど、そういう心境です。

安岡先生との論争

実は、私は先生とだいぶ意見を異にした時期がありました。

先生は昭和十三年に世界漫遊の旅に出られましたが、帰ってからちょっと論調が変わってきたように感じられたんです。今から振り返ると、私の見解が狭くて単純だったところに反発の原因があったわけですけれど、先生の講義の後、おかまいなしに自分の意見をぶつけるようになりました。

それで結論がつかない場合には別室に行って議論する。食いついたら離れないというので、とうとう〝土佐犬〟という仇名《あだな》をつけられてしまいました。

私が反発したというのはこういうことです。

先生が世界漫遊に出られた時期はちょうどヒトラーやムッソリーニが台頭した時期でした。当時のドイツは第一次世界大戦の敗戦によって世界的に惨《みじ》めな扱いを受けておりました。このままでは立ち直ることができないんじゃないかというくらいに、徹底的にやられてしまった。そんなドイツを変えようと出てきたのがヒトラーだった。ムッソリーニも同様にイタリアを変えようとして出てきた。

先生はヒトラーやムッソリーニを一部では批判していました。しかし、一方では一応の時代的な存在意味というものも認められていた。歴史的に見れば、やむを得ずそういう存在がなければならないときもある。叩きつけられたドイツが立ち上がるにはヒトラーのような人間が台頭する必然性があったと説かれていたんですね。

その点で意見が違ってきたんです。その頃のドイツではヒットラー・ユーゲントという青年団があって、これがナチスドイツを躍進させる踏み台になった。

これを模倣したような組織が日本にもできたことに私は強く反発していた。確かに団体的な美しさも大切だが、やはり個人一人ひとりが立派になって団体美を出せてこそ本当ではないかと。

それから四、五年も論争が続きました。先生が帰ってこられたのは昭和十四年ですから、第二次世界大戦が始まるぐらいまで意見の対立が続いたわけです。「もう先生の話は一切聞かない」と飛び出したこともありました。けれどもそういうふうに争いながら、それは見解の上において争ったわけで、人間的には引きつけられるところがありました。

だから、もう聞くまいと思ってもまた行く。そして議論してまた負けての繰り返し。恋人のような感じで、会ったらなかなか素直になれないで喧嘩《けんか》して、離れていると恋しくなるという感じでした。

先生はその頃の私を評して、「あいつ、子路《しろ》のようなもんや」と言っておられたと聞きました。子路というのは、孔子門下の子路のこと。土佐犬から人間に格上げされたわけですが、そういうギリギリのところで、先生はまだ私を眼中に置いてくれておられたのかと思います。

日本の敗戦を予言する極秘の手紙

昭和二十年の二月に、私は先生から極秘の封書をいただきました。それには、「この戦いに日本は必ず敗れる」ということが書かれてありました。戦局は確かに悪くなっていたけれど、まだ普通の人は戦争に負けるという実感はなかったと思う。それと敗戦というような言葉を使うことはタブーですから、これにはびっくりしました。ゆえに秘密の手紙と称しているわけです。

残念ながら、この手紙は手許《てもと》に残っておりませんが、「このまま行けば日本は必ず敗戦する。しかしこれは軍と官が敗れるのであって、国民が敗れるわけではない。ゆえに神州《しんしゅう》は不滅である。その時に今後は七転び八起きの精神で、日本を復興させねばならない。そのためには今の自分の仕事に精を出すことだ」というようなことが書かれていました。

事実その時分、先生は、このままいけば日本は不幸な立場に立つと考えて、中国との関係を速《すみ》やかに収めようと、民間外交を考えておられたのです。

今も言ったように、安岡先生は軍と官はもう力を失っていると見ていたわけです。軍は中国大陸において戦線を広げすぎてだんだん弱体化しつつあったし、官というか政府もだんだん弱腰になってきている。

これを収拾する道はどこにあるのかと考えると、これは民間同士、両国民が理解をし合わなければいかんと思い至ったのでしょう。中国の民間人の中には、日本軍や日本政府が行っても全然表に出てこないような中国を思う要人が随分いた。日本にも民間にそういう人物がいるから、互いに相結ぼうというわけです。

先生は陸軍よりも海軍に影響力を持っておられましたから、海軍の飛行機で中国に飛び、そして向こうの要人と会談をするという計画を具体的に立てておられた。そこでの話し合いで、日本は中国に派遣している軍隊をすべて自主的に引き揚げるという提案をするつもりでいた。

海軍も世界の動きを見ていましたから、それに共鳴するところがあったんでしょう。だから飛行機を特別にしつらえて行くような計画でした。

ところが太平洋上の戦いでレイテ島が落ち、沖縄も落ちて、米軍がだんだん日本本土に近づいてくるという状態になって、結局、自ずから成果を収めずに敗戦を迎えるということになってしまったわけです。

第二章

太平思想研究所の設立と安岡先生の追放時代

召集令状を受け取る

安岡先生から極秘の手紙をもらったのは昭和二十年の二月でした。それから四か月後の六月十五日に、私は召集令状を受け取りました。

私はそのとき小学校の教師をしていて、大阪の茨木というところまで子供たちの疎開《そかい》について行っていました。六月十五日は私の誕生日ですが、その日の朝に子供らと朝食をしているときに召集令状が来たのです。

二月に先生から日本は負けるという手紙をもらっておりましたから、覚悟ができていたというのか、戦時体制で他の先生方が国民服を着てゲートルを巻いている中、私一人だけは疎開先でも袴《はかま》を履いていていました。

それで子供たちにも、「せっかく疎開をしにきとるんだから、お前たちはしっかり勉強しなさい。空襲警報が出ても逃げんでいい。私が袴を脱いだときは、日本は危ないときや。だから袴を着けとる間だけは安心して勉強せい」と言っていたんです。

疎開先での教育

余談になるけれども、私が疎開で行ったところには五軒の大きな地主があった。その地主となにか気が合ったんでしょうな。みんなよく協力してくれた。子供たちに家を開放してくれて、風呂なんかも自由に使わせてくれました。

それと、そこは小作争議の非常に盛んな土地だったのに、その小作がえらく協力してくれました。食料も確保してくれたから、食べ物の心配をせずにすんだ。その点、子供たちは非常に恵まれていたんだね。

でも後から聞いたところでは、子供たちは私が袴を脱いで戦地に行ったもんだから、「ああ、先生が袴を脱ぐときは日本が危ないと言うとったなあ」と、どこか心に思い当たるところがあったということでした。

玉音放送を拝聴して

私は召集されてから沖縄が落ちた後の敵前上陸に備えて土佐の海岸に配属になりました。入隊して一週間くらいのとき、どうしたことか連隊長の訓辞を批判してしまって（笑）、軍人精神が入っていないと、えらいやられました。

しかし私は多少漢籍が読めるので、若い学徒出身の将校に孫子の『兵法』を講義したりしていましたが、終戦間際に脚気《かっけ》になってしまった。ありがたいことに山下奉文《ともゆき》大将の養子に当たる親切な軍医がおりましてね。その方が兵一人をつけて山の一軒家で療養させてくれました。『論語』と『易経』を持ってきたものですから、おかげさまで谷川のせせらぎを聞きながらみっちり読むこともできました。

そして八月十五日、「重大発表があるから」というので連隊本部に呼ばれ、そこで玉音放送を拝聴しました。そのとき、「あっ、これは安岡先生が関係してるな」と直感しました。「萬世《ばんせい》の為に太平を開かん」という陛下のお言葉があったからです。「堪へ難キヲ堪へ忍ビ難キヲ忍ビ以テ萬世ノ爲ニ太平ヲ開カムト欲ス」というくだりですね。

安岡先生は

天地の為に心を立つ、
生民《せいみん》の為に命《めい》を立つ、
往聖《おうせい》の為に絶学《ぜつがく》を継《つ》ぐ、
萬世《ばんせい》の為に太平《たいへい》を開く

という言葉をしょっちゅう言っておられたから、ピンと来たわけです。

「天地の為に心を立つ」とは、「天地は人間に心を開いたのだから、天地の為に心の法則をしっかり打ち立てていくのだ」というふうな意味でしょう。

これは、『近思録《きんしろく》』の中にある北宋時代の張横渠《ちょうおうきょ》という人の言葉です。『近思録』では、「生民の為に命を立つ」は、「生民の為に道を立つ」と書かれており、「往聖の為に絶学を継ぐ」も「去聖の為に絶学を継ぐ」となっています。これらは安岡先生が張横渠の言葉をもじったもののようで、それが流布したように思えます。なぜ変えたのか、詳しい理由はわかりません。もちろん意味あって変えられたのでしょう。

先生はこの張横渠のいわゆる四為のうち、とくに「往聖の為に絶学を継ぐ」というところを強調されました。戦後、各地に埋もれていた有為な先人を顕《けん》彰《しょう》する「郷学の作興」の活動を行ったのも、この「往聖の為に絶学を継ぐ」という考えに則ったものだと思います。

「萬世の為に太平を開く」というのは、私には非常に印象的な言葉でした。当時、他にこれを言う学者はほとんどいませんでしたから、先にも言ったように詔勅《しょうちょく》を拝聴した途端に、先生のお顔がフッと浮かんできたのです。

私の太平思想研究所というのもここから名前をとったものです。それと、私が有源《ゆうげん》学院をつくって間もない頃に、曹洞宗管長の高階瓏仙《たかしなろうせん》禅師がわざわざおいでくださったことがあります。そこで一筆頼んだら、この「萬世の為に太平を開く」を書いてくださいました。私は長くそれを床の間に掲げていました。「萬世の為に太平を開く」とは「永遠の平和を築く」という意味でいいと思いますが、ここは「為に」というのが効いています。「今この戦いを止めるのは将来の永遠の平和の為に戈《ほこ》を収めるのである」という意味が込められている。何も刀折れ矢尽きてやむを得ず負けるのではないというわけですね。「耐え難きを耐え、忍び難きを忍ぶ」ということも、将来の為に、萬世の為に、この耐え難い敗戦を受け入れて戦いを終結するという意味ですね。

これは余談になりますけれども、ご承知のように、あの詔勅には本来、「義《ぎ》命《めい》の存する所に従って」というお言葉が出てくるはずでした。「義命の存する所に従って、耐え難きを耐え、忍び難きを忍び、萬世の為に太平を開く」と続くはずでした。ところが、「義命の存する所」の意味がよくわからないというので、この言葉が閣議で削られて「時運の趨《おもむ》く所」に変えられてしまった。しかし「時運の趨く所」では「流れに任せるしか仕方がない」「そのときの状況次第」という意味になってしまう。これでは「義命の存する所」とはまったく意味が違ってきてしまうわけです。

だから先生は、後日お会いしても、自分が詔勅に関係していたということは一切言われなかった。それは後世に大きな恥を残すと思っておられたのだと思います。

この「義命」という言葉をとってしまったために、戦後の日本人は「正者」

と「強者」を混同してしまったと私は思う。「正しい」ということは、本来道理に適《かな》っていることを言う。ところが戦後は「強い者が正しい」と勘違いしたまま現在に至っておるのです。

「義命の存する所」というのは、「天地の為に心を立て、生民の為に命を立つ」というところと通じるんですね。天命という天の働きが、すなわち義命です。これはまた正しい道ということでもある。いわゆる「正しい」というのは、天地の道に適っていることをいうのです。

道というものはいろいろ解釈があります。「天道地理」と言って、天には天の道があり地には地の理がある。道理とはこの「天道地理」を指しているんです。それを人間という立場で言えば、「人道」あるいは「人理」という言い方になる。そして、これをとくに「義」と呼んでいるわけです。天地万物創造の根源のはたらきを中心に置くか、人間を中心に置くかで読み方が違ってくるんですね。

この終戦の詔勅を聞いて「七転び八起き」という先生の言葉を思い出しました。そして「ああ、これからが大切や。正しく起きなきゃならん。そのためには人々に人としての正しい原理原則をきちんと示さなくてはならない。病気などしている場合ではない」と思いました。そして日本の占領下をいかにして復興させていくかと思い、太平思想研究所を設立するという考えが閃《ひらめ》いたのです。

公職追放された安岡先生

太平思想研究所をつくったのは昭和二十一年一月三日です。その前の二十年の十一月十五日に、私は研究所の規約とかいろいろな構想を持って安岡先生を東京の金雞会館に訪ねました。その頃、先生はそこに住んでおられたのです。ご家族は埼玉の嵐山《らんざん》のほうへ疎開しておられました。

終戦の昭和二十年、安岡先生は数え四十八歳です。戦後すぐの頃は、先生がA級戦犯として逮捕されるのではないかという風評もありました。先生ご自身はお呼びがかかったらいつでも行こうと、毎日下着を替えて待っておられたそうですが、結局逮捕されることはありませんでした。

それを免れた裏には蔣介石の取り計らいがあったとも言われておりますが、

いずれにしても逮捕は杞憂《きゆう》に終わりました。

しかし、昭和二十一年に金雞《きんけい》学院と日本農士学校に解散命令が下り、先生は公職追放されてしまいます。先生は金雞学院や日本農士学校を復活させるべく随分運動されたようですけど、それはついに容《い》れられなかったわけです。連合軍の命令だったから、通じなかったのです。

この昭和二十年から二十二年あたりが先生にとって一番孤独な時期であったでしょう。人生の転機、逆境と言ってもいいと思われます。

二十二年の秋にいただいた手紙に、安岡先生の目から見た当時の世相がよく描かれています。ご紹介してみましょう。

冠省　御精進肝銘《かんめい》に堪えず　今後の日本は文王《ぶんのう》無しと雖《いえど》も猶興《なおおこ》る底《てい》の先覚者《せんかくしゃ》に待つ外《ほか》無く　表面世俗は滔々《とうとう》濁流漲《みなぎ》り申すべきも　中流の砥柱《しちゅう》いつかは庶民も瞻望可致候《せんぼういたすべくそうろう》　唯《ただ》京阪の地　古来土佐などとは異り　優柔なれば特

に激昂迫切《げっこうはくせつ》の態を忌《い》み　時流亦《また》一般に精神や道徳にいわれなき反感を抱き候故《ゆえ》　殊更《ことさら》に門戸を張り　異を立て奇を衒《てら》ふやうの印象を与えぬやう　綿密の工夫を怠《おこた》らず　その上にての詆譏《ていき》は甘受《かんじゅ》せらるべく候　別紙有源三枚の中どれか御選擇《せんたく》下さるべく候

不尽

九月十七日

正篤迂人《うじん》

伊與田覚様

侍史《じし》

「文王無しと雖も猶興る」は『孟子』にある有名な言葉ですね。本当に優れた人間は優秀な指導者がいなくても興ってくるということです。これから日本は、そのような先覚者の現われるのを待つ外はないと言われているわけです。

「時流亦一般に精神や道徳にいわれなき反感を抱き候」とありますが、これは金雞学院などに対する世間の見方を述べています。

戦争が終わって、日本人全体が金雞学院ほかの有力団体がどうも戦争に協力したのではないかという疑いを抱いた。占領軍もそのようにとらえました。GHQはこれらの団体が占領政策に支障があると見たのでしょう。それで解散命令が出たわけです。

先生がおつくりになった小石川の金雞学院と埼玉の日本農士学校も占領軍から解散団体に指定されてしまい、日本全国では十六団体が強制的に解散になりました。

でも、それは何もいわれのない罪ではあったわけです。何も解散させられるような特別の意味があったとは思わないけれども、戦争に負けてしまいましたからお手上げです。

しかし、なんとか解散命令を解除してもらおうと、安岡先生はあれこれと運動をされた。なかなか道は開けなかったけれども、希望を失わないで運動を続けておられました。

金雞学院の再開に望みを託す

次の手紙は、昭和二十三年二月にいただいたものです。金雞学院をなんとか再開するべく活動されていた様子がうかがえます。

御健学大慶仕《つかまつ》り候　正月四日の大嵐にてその後日々取込《とりこみ》　貴書も群簡《ぐんかん》中に没入　甚だ失礼仕り候　御志業《しぎょう》は誠に結構　真実な教学を興す他　日本を救ふ道は無之《これなし》　其《そ》の教学も遂《つい》に官学には期待すべからず　古今東西其の揆《き》を一にして　草莽山澤《そうもうさんたく》に待つべきものと存じ候　功を謀《はか》らず只管《ひたすら》道を守り一箇半《いっこはん》箇《こ》を相手としてお進みあらば　時を得て機縁熟し来り　沛然江河《はいぜんこうが》を決する如く　道風勃興《ぼっこう》致すことと信じ申し候　其《そ》の中外護者《うちげごしゃ》も現るべし　勿論《もちろん》小生も

御希望の點《てん》留意可致候《いたすべくそうろう》　学院の冤《えん》大分此頃《このごろ》晴れ来り　何とかなるらしく候　長澤氏にも御面晤の砌《みぎり》　自重あるやう御伝え下され度候《たくそうろう》　不一

二月十七日　安岡正篤

伊與田覚様

研右

「御志業は誠に結構　真実な教学を興す他　日本を救ふ道は無之」「時を経て機縁熟し来り　沛然江河《はいぜんこうが》を決する如く　道風勃興致すことと信じ申し候　その中外護者も現るべし」とは私のつくった太平思想研究所の活動に対する励ましです。

「功を謀らず只管《ひたすら》道を守り一箇半箇《いっこはんこ》を相手として」続けていれば、必ずや応援してくれる人が現れてくると言っています。一箇半箇というのは、きわめて数の少ないことを表す禅の言葉です。

そして先生ご自身については、「学院の冤大分此頃晴れ来り　何とかなるらしく候」と金雞学院再開への期待を述べられています。

しかし実際には、その願いは叶いませんでした。当時先生は、なかなか容れられないけれど、いろいろな状況から説くとなんとかなるかもわからんということを言うておられましたけれど、この手紙からは、そのあたりの模様が読みとれます。

何しろ昭和二十二、三年の頃というのは、今の人には想像のつかないほどの日本の混乱期でした。日本全国で二十幾万人が公職追放を受けたのです。国の根幹にかかわっていた人の相当部分が社会的活動を一切禁じられたわけです。戦争に負けたらこういうことになるのかと思ったものです。

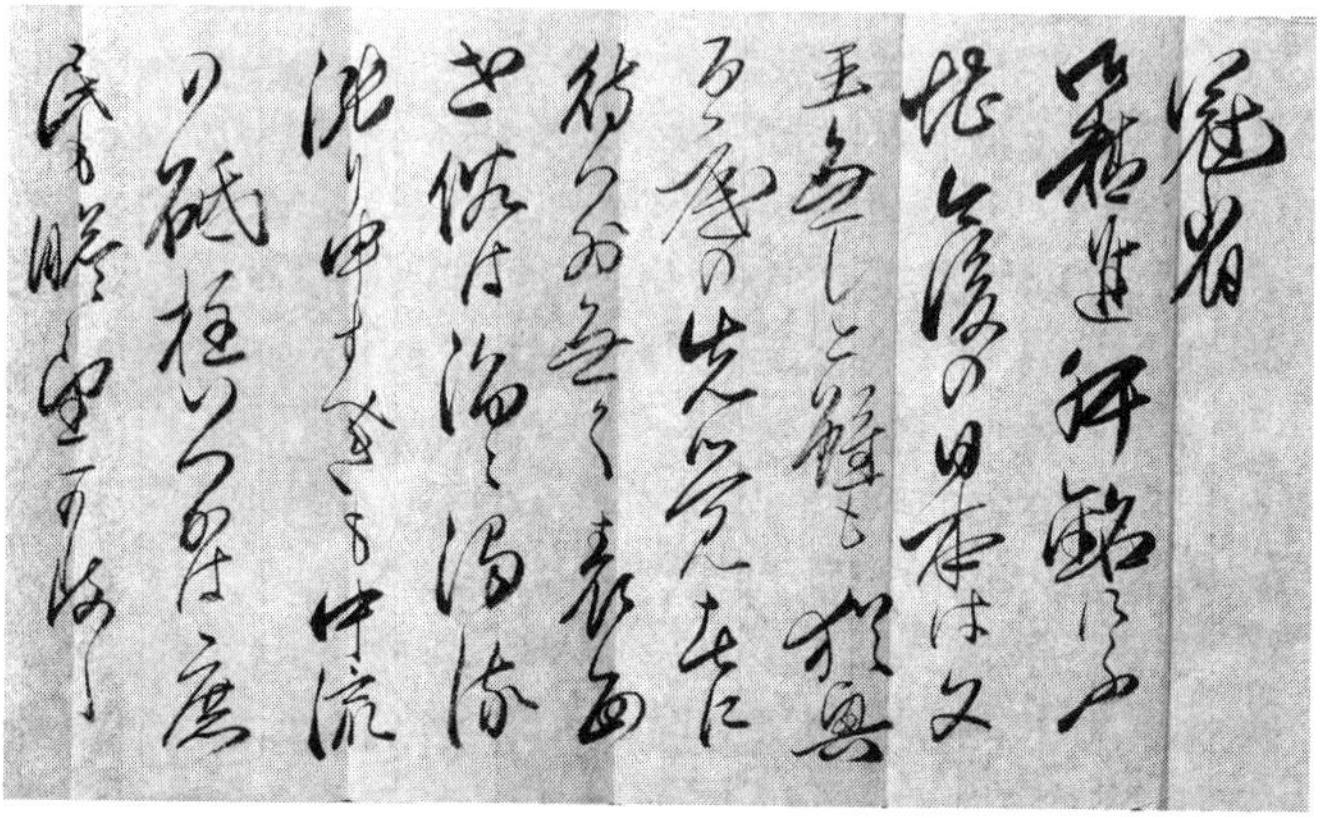

①

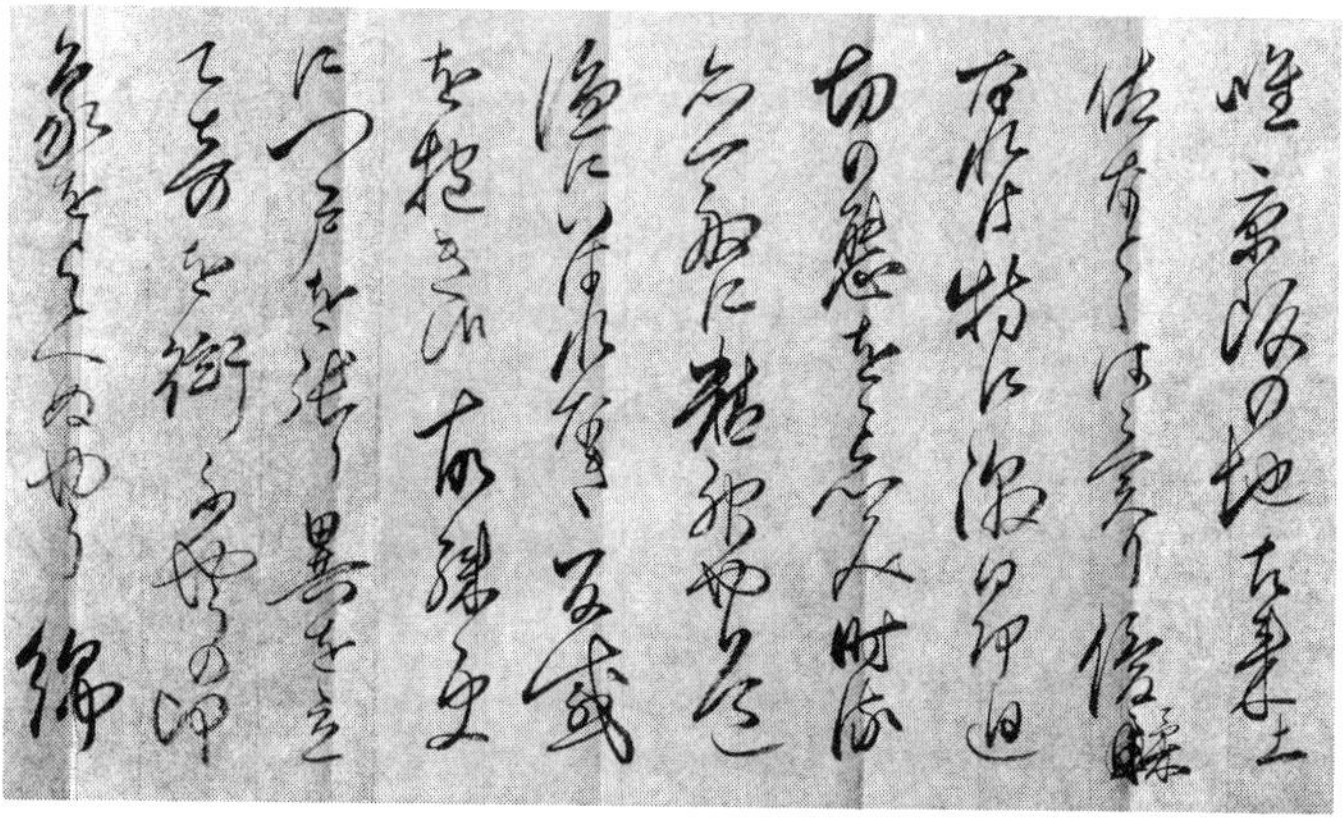

②

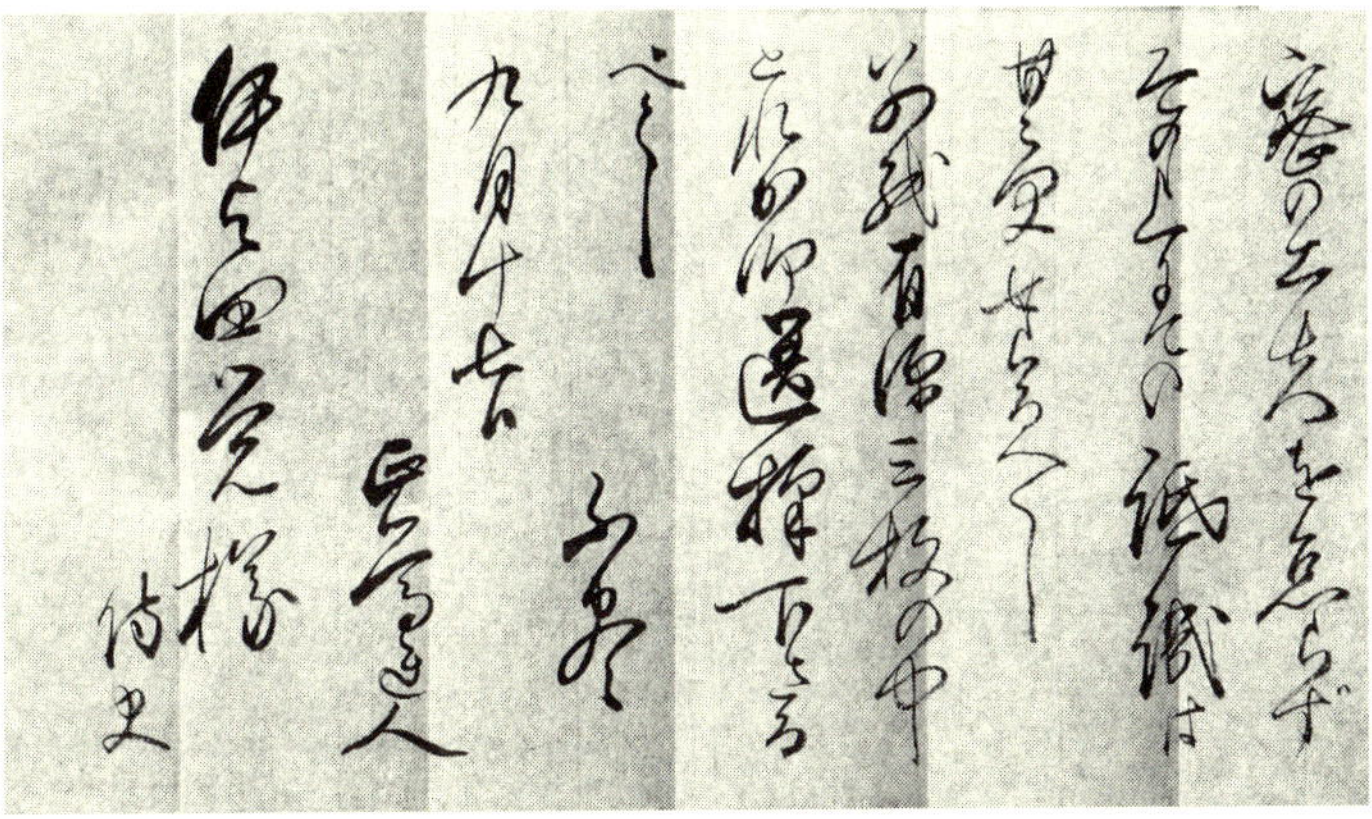

③

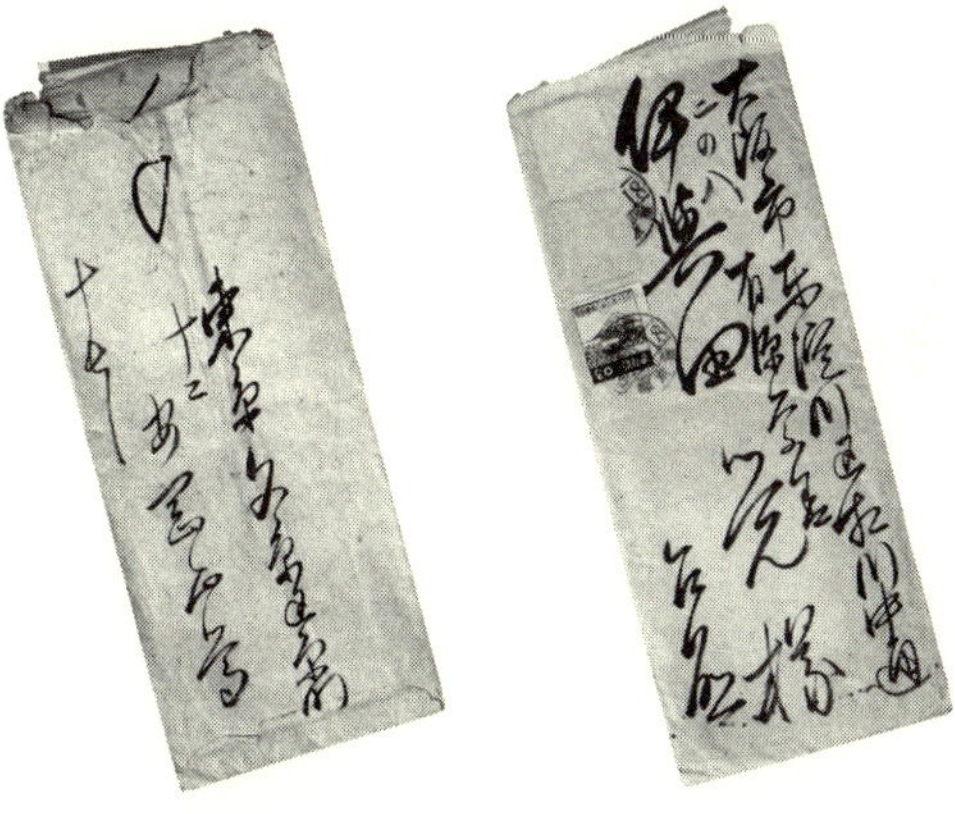

昭和22年に安岡先生から頂いた手紙

追放時代の安岡先生

公職追放の時代の先生は、不遇と言えば不遇でしたけれど、それは「外から見れば」ということであって、先生ご自身にしてみれば、不遇なんていう気持ちはさらさらなかったと思います。

あまり困った顔をしていなかったですし、天下の浪人だと言ってね。でも、ご本人も大学を出てから会社に勤めた経験はないし、給料をもらうという経験もないから、どうやって生活をしておられるかということが、なかなか想像がつかない。国から給料を貰っておったわけでもないしね。

普通の給料取りですと、すぐわかります。公職追放になると退職金はないし、もとより給料もなくなる。もう追放が決まったその日からぴたっと止まる。しかもそれは予定しないでポンとやられていましたから、みんな慌てました。それで憔悴《しょうすい》する者もあるし、望みを失って自殺する者も随分いましたしね。ところが先生は、パージになってから身体が肥えてきた。顔つきもゆったりしましてね。以前は秋霜烈日《しゅうそうれつじつ》といったようなちょっと鋭いお顔だったのが、変わってまいりました。それで一般の人にはますますわからなくなったわけです。まあ、そのへんが先生の一番偉いところだったのでしょう。

その頃の先生がなんで生計を立てていたのかは私にもわかりません。私も浪人のような生活をしていた時期があったけれど、それとは全然違う。もっとも先生は大学を出てから著書を出して、それが随分皆さんにも喜ばれましたから、そういう方面での蓄えはあったんでしょうね。けれども戦後は、戦前の書物はあまり受け入れられなかったし、パージになると新しい書物は出せなかったから……。それが丸六年続いたわけですからね。外からそのご心中はうかがえなかったけれども、不遇とは言わないまでも、やはり先生にとっては苦難の時代であったことは確かでしょうね。

教師を辞める

そういう時期に私は先生を訪ね、太平思想研究所の構想をお話ししたわけです。そのとき私は、学校の教職に残っておっては自由な行動ができないと思って、先生に相談することもなく、学校に辞表を出して辞めておりました。まぁ先生から見られたらむちゃくちゃな話でしょうね。何しろ私は無収入になっているわけで、無鉄砲以外の何ものでもない。先生はそのことについては何もおっしゃいませんでしたが、だいぶ苦労するだろうなと思われたようです。

その頃やはり先生の門下で、私と同じように教職を辞めるといって先生のところへ相談に行った人がいます。越川《こしかわ》春樹といいましてね、千葉県の教育界でえらい大きな実績をあげた人です。

ただし、この人は学校に辞表を出す前に安岡先生のところに行かれた。そうしたら先生から諄々《じゅんじゅん》として説かれて慰留されたんですね。それで辞めることをとどまって、後に、日教組らとやり合いながら非常に大きな教育的な業績を残していくんです。こっちはもう辞めてしまった後だから、先生としても何も言いようがなかったのでしょう。

忘れられないのは、そのとき先生が本棚の中に置いていた角瓶を出してこられて、黙ってグラスに注いでくれたことです。けれども、その酒がね、あと少ししか残っていなかった。

それを飲んだ瞬間に、何か今までのいろいろな行き違いというか、先生に対するわだかまりがスーッと消えていくように思った。もう一切、先生と意見を異にして、というようなことはなくなりました。先生の本当の思いがわかるようになったのはそれからです。

機関誌「有源」の題字を依頼

話がそれましたが、二人して酒を飲み交わしながら、先生は無言で私の話を聞いているだけで、私が持っていった太平思想研究所の規約を先生にお見せしても、手直しもしませんでしたし、いいとも何とも言われませんでしたな。けれども、先生は関心を持っておられたようで、昭和二十二年に「有源」という太平思想研究所の機関誌をつくるとき、その題字を書いてくれるように頼んだら、すぐに書いて下さいました。

それについては先にあげた二十二年九月十七日の手紙に触れられていましたね。「別紙有源三枚の中　どれか御選択下さるべく候」とね。機関誌の題字にする「有源」という文字を三枚書いて送ってくださったわけです。

ところがこれがあまり満足できるような出来映《ば》えじゃなかったらしく、また改めて書いて送るといって都合二回送ってくれた。そのときいただいた手紙が残っていますから読んでみましょう。

冠省
有源第四号落手《らくしゅ》眈読《たんどく》　大層内容充実し来《きた》り同人の想もかはり出し候点《そうそう》紙面にほの見え嬉しく存じ候　愈々《いよいよ》御自愛願い上げ候　題字どうも不満にて今夜かき直し同封仕《つかまつ》り候間《あいだ》これを次号よりお用ひ下されたく候

不尽

二月八日

瓠堂《こどう》

伊与田覚様

侍童《じどう》

梅一輪易読む朝おのづから
君を志ぬびて歌かきつくる

このときの住所は東京になっています。消印を見ると、二月八日と読み取れます。年ははっきり読み取れませんが、手紙の文面に「有源第四号」とあるところから、おそらく昭和二十三年であろうかと思われます。

内容については、「大層内容充実し来り同人の想もかはり出し候点　紙面にほの見え嬉しく存じ候」とあるところから、ささやかな機関誌ではありましたが、安岡先生も期待されていたことがうかがわれます。

また、「題字どうも不満にて今夜かき直し同封仕り候間これを次号よりお用い下されたく候」とありますように、この手紙に同封して、「有源」の表題を書き直して送ってくれたわけですね。

そしてこの手紙では、先生は自らを「瓠堂」として私には「侍童」と書かれている。先生が手紙の中でこういう書き方をするのは非常に珍しいことです。自らを「瓠堂」としているところに、公職追放の身のつらさが感じられるようです。「侍童」という言い方は今はあまり使いません。

加えて、歌を一首読まれておられます。

梅一輪易読む朝おのづから
君を志ぬびて歌かきつくる

「志ぬびて」とあるのは、これは「偲《しの》びて」です。「君を思って」という意味です。梅がポッと一輪咲いていている朝に『易経』を読んでいたら私の顔を思い出した。そこで歌をしたためたのだ、というような内容ですね。

どうして易を読んでいたら私の顔が思い浮かんだのかといえば、これは類推ですけれど、金雞学院で易の勉強会があったときに私はずっと出ていたのです。ところが『易経』というのは非常に難解ですから、本当に自分のものとするために勉強をしようという人が少ない。ましてや、語れる人はさらに少ない。私はその点で、易を共に語れる人間として先生に認めていただいていたのかもしれません。

あるいは私は「有源」の中に易についての文章を書いていましたから、それが念頭にあったのかもしれませんけれど、これは私としては非常に嬉しいお歌でした。

「有源」の発刊とＧＨＱ

「有源」発刊については忘れられない出来事があります。「有源」の第一号を発刊しようとした昭和二十二年十月前に、その内容がＧＨＱの検閲に引っかかって、なかなか出版の許可が下らなかったのです。

私は誌上で「ＰＴＡの活動によって学校の先生の尊厳が失われる」「学校では先生が中心なのだから、ＰＴＡではなくＴＰＡとせよ」としてＰＴＡ批判をやったわけです。

そうしたらそれが占領政策に引っかかって、四十日間も引っ張られてしまったわけです。

数ページは削除されましたが、結局おとがめなしで済みました。

大阪天満宮に参拝中の安岡先生（左から３人目）と寺井宮司（同５人目）と

発刊の許可が下りたのが十一月の十日。だから、「有源」第一号に残っている日付は昭和二十二年十月一日になっているけれど、実際に発行されたのは十一月十日ということになります。

ちなみに、その日は私の長女が生まれた日でもありました。

松下幸之助翁と「ＰＨＰ」

この頃は紙がなかなか手に入らない時代でした。新聞社には特別配給がありましたけれど、普通の人の手にはなかなか入らなかった。だから「有源」の印刷には苦労しました。普通のザラ半紙は使えなくて、仙花《せんか》紙という表面はつるっとしていて裏はざらざらという紙を使いました。この紙は表はきれいに印刷できるけれど、裏は不鮮明とまではいわないがちょっと調子が違う。しかし、そんな紙しかなかったわけです。

だいたい同じ時期に出た月刊誌に松下幸之助さんの出された「ＰＨＰ」があります。松下さんのところもＧＨＱから制限会社に指定されて、いわゆる財閥解体の対象になりました。松下さん自身も、公職追放されたんです。

ところが松下さんは、松下電器は財閥ではないと主張して、なんとか指定解除をしてもらおうと奔走《ほんそう》されたようです。たいがいは解除されなかったけれども、松下さんの熱意と、また組合の協力もあって制限会社の指定を解除されて、ご本人も二十二年に社長に復帰されました。

私は二十一年一月三日に太平思想研究所を興しましたが、松下さんは昭和二十一年十一月にＰＨＰ研究所を設立されました。私のほうはすぐに機関誌を出そうと思ったものの、経済的な裏付けが何もなかったので、苦労してようやく翌年の秋に第一号ができたわけですが、松下さんのほうは昭和二十二年四月に「ＰＨＰ」誌を出されている。割合いい紙を使っていたのが印象に残っています。

しかし、いろいろな事情があったのでしょうね。しばらくして休刊となってしまった。復刊するのはその何年か後です。

無料配布した「有源」

「有源」は二十二年十一月に第一号を出してから五年間、何とか続きました。最終号は二十四号になりますか。最初は十六ページの薄いものでしたが、だんだん増えて四十六ページぐらいにまでなりました。

この「有源」は非売品で、大阪府下の約千校の小中学校に無料配布しました。非売品にしたのは、発刊の第一の目標が戦後混乱していた教育界を正常化することであって、それが日本の復興には非常に大切だと考えたからです。

後からわかったことですけれど、非売品にすると第三種郵便の認可が得られない。私からすれば、無料なんだから優遇してくれるものと思っていたら、そうではなかった。おそらく出版を擁護するという意味があったのかもわかりませんね。

だから郵送費が非常にかかるわけだけれど、幸い大阪府庁へ持っていくと、全部仕分けをして各校に無料で配布してくれた。学校へ送る郵便料金が要らなくなったのは助かりました。

教職に復帰する

先にもお話ししたように、私は教員を辞めて太平思想研究所の活動に専念したわけですが、戦後インフレは日々進み、多少の蓄えは紙クズ同然になってしまいました。それでだんだん窮迫してきて、とにかく、生活をなんとかしなければならなくなってきた。

もうそのときには長男が生まれていたんですけれど、家内が妊娠して第二子の誕生も近い。生まれてくる子供にまで戦争責任を負わせるのはちょっと酷《こく》だと考えて、最低の生活ぐらいはなんとか維持しなければならんと思い仕事を探すことにしました。

そのとき、私の師範学校時代の恩師であり、安岡先生に私を紹介してくれた長沢準平先生が旧制中学の校長になっておられました。長沢先生は安岡先生とは同年輩の方でしたが、非常に道心《どうしん》の篤《あつ》い人で、安岡先生の教えを師弟の関係のようにして受けておられました。

その長沢先生から「教職に復帰しないか」というお話をいただいたんです。ご存じのように戦後に学制が変わりました。新制中学になるのは昭和二十三年からで、新制高校になるのが二十四年。二十二年までは前の体制が残っていました。

ところが、その時分は学校の先生たちの生活が窮迫しているというので、ストライキを盛んにやっていたんです。それで人手が足りないということもあって、前から「君、手助けしてくれ」と言われていたわけです。

ただ、私はもう教育界に帰らないつもりでおったのでお断りしていましたが、生活をなんとかしなければならないので、再び教職に就くことにしました。それが昭和二十二年の中頃です。

けれども人間というのはえらいものですな。それまで長い間、無収入でしたから、給料を貰ったら給料袋が重い。これは有難かった。十分に生活が成り立ちました。

むしろちょっと貰い過ぎだから返そうとも思ったのですが、一旦《いったん》出した給料を受け取るわけにはいかんと長沢先生もおっしゃるものだから、それじゃこの金で機関誌をつくろうということになった。それに共鳴する者もおりまして、ようやく「有源」が生まれてくるわけです。

それにしても先生という仕事はいい仕事だなと思いました。私のいいかげんな話でも生徒はよく聞いてくれるし、その上給料までくれる。一方、太平思想研究所のほうは一所懸命話しても聞いてくれる人が甚だ少なかったのです。

長沢先生の公職追放

結局、昭和二十二年から二十三年にかけての一年間、私は教師をしました。一年で終わったのは、引き立ててくれた長沢先生が公職追放になったからです。長沢先生は大阪に設立された男子中学校の初代校長を務める傍《かたわ》ら、金雞学院の別院であった大阪金雞書院の院代をやっておりました。この金雞書院の院長は酒井（忠正）伯で、安岡先生が学監《がっかん》を務めていました。しかし、GHQの命令で東京の金雞学院が解散になり、安岡先生が公職追放に処せられたため、大阪も解散を余儀《よぎ》なくされたのです。さらに金雞書院に関わっていた役員の方たちも皆、追放になりました。

それで長沢先生は急に校長を退《しりぞ》かざるをえなくなり、私も追随して一緒に辞める決心をしたわけです。

この長沢先生の公職追放については安岡先生も大変に心配をされました。やはり自分との関係でそうなったわけですからね。私に宛てた手紙の中でも、しばしば長沢先生にふれておられます。

そのことを書いて送ってきた手紙がありますので、一部を抜粋してご紹介しましょう。

拝復　過日思ひがけなく横尾翁来訪　御近況伝承　道業愈々《いよいよ》御精進大慶に存じ候　長澤君も調子よく進行の趣《おもむ》き此《こ》れまた可賀《がすべく》　先般ウィークリーに英語小品を書いてつまみものに送り置き候　有源にもそのうち何かお送り可致《いたすべく》候　少し固い感じがあり随筆にてもものしたく思い居《お》り候　近来容膝《ようしつ》の小庵に迷士妄者《めいしもうじゃ》蝟集《いしゅう》し来たり始め殆《ほとん》ど研学執筆の暇あらしめず　加ふるに隣邦の紛擾《ふんじょう》まで波及　閉口致し居り候　八月には来会致したきこと山々なれど

当局の立場も訊《と》ふ必要あり　そのうちご一報申すべく候……

これは二十四年五月二十八日の消印のある手紙です。「過日思いがけなく横尾翁来訪」とありますが、横尾翁というのも私の恩師です。私はこの横尾真太郎先生の手引きで、一時期、浄土真宗に凝ったことがあるんです。

この先生はなかなか篤学《とくがく》の人でした。横尾先生がお宅で『歎異抄《たんにしょう》』の講義をしているというので、私は学生でしたけれど聴講に参りました。『歎異抄』が終わったら、次は『中庸』の講義をするというので、それにもずっとうかがいました。その後、『法華経』の講義も受けましたが、ずうっと講義を受けたのは私一人でした。

その横尾先生が安岡先生を訪ねたとき、私の近況を伝え聞いたというわけです。「長澤君」というのが長沢先生のことですね。

英文誌「ホームウィークリー」をつくる

この手紙の中に「ウィークリー」という文字が見えます。「ウィークリー」というのは正式には「ホームウィークリー」といいます。これは長沢先生がつくっていた英文の雑誌です。

長沢先生は追放になったので退職金ももらえないし、当然、給料も入らないというので、だんだん困窮するように見えました。私は、なんとか助けないといかんと思って、「ホームウィークリー」を出す出版社をつくって、長沢先生にその仕事をしてもらうことにしたんです。

しかし、先生は追放の身ですから出版社の代表にはなれない。それで仕方なく私が社長になりました。

ところが「ウィークリー」という名前からもわかるように、毎週発行しなければならない。そのために印刷費として相当の資金が必要だったのですが、幸いに私が学校を辞めた後に勤めていた天業社という印刷会社の社長の出間さんが義侠心を出して「あんたが経理を受け持っている間は印刷費の請求はしない」と言ってくれた。あるとき払いの催促なしにしてくれたのです。

これで危機は乗り越えて、学校の先生上がりではあったけれど、長沢先生はこの雑誌をものにするんです。「長澤君も調子よく進行の趣き」とは、このことを指して言っておられるわけです。

この出版社がある程度軌道に乗るようになってから私は退きましたけども、長沢先生もその後、金儲《もう》けよりも教育が本業だというので、追放が解除になったのちには教育界にお戻りになりました。

安岡先生の気遣い

先述したように安岡先生は長沢先生が追放になったことに随分責任を感じておられたようです。先にあげた手紙の中に「先般ウィークリーに英語小品を書いてつまみものに送り申し候」とありましたが、これは長沢先生を助けてやらなくてはと思って、安岡先生が英語の随筆か何かを書いて送ったのでしょう。

ついでに言うと、「有源にもそのうち何かを送り致すべく候　少し固い感じがあり随筆にてもものしたく思い居り候」とありますね。そのうち「有源」にも何か送ろうというわけでしたが、これは結局、実現しないままで終わったと思います。

この「ホームウィークリー」への投稿については、二十四年六月十四日付の葉書でも触れられております。

冠省　講習会の件につき問合せ申し候ところ国民生活の安定、日本の将来などについても公会の席上論講するは追放令違反につき不可との事故《ことゆえ》あきらめ申し候　しかしいずれかような人道に反したることはそのうちに修正さるることと確信 仕《つかまつ》り候　別便筆記一通をお送り申し置き候　有志の清集《せいしゅう》席上に於いて小生の清話とて有源に御発表下されてもよろしく候　御健安《けんあん》万祷《とう》仕り候　おついでの節《せつ》小生の英語小品の原稿がついたかどうかお問合せ願う

「ついでの節小生の英語小品の原稿がついたかどうかお問合せ願う」とありますね。「ホームウィークリー」に英語の随筆を投稿したけれど、それが着いたかどうかを時間のあるときに長沢先生に聞いておいてくれ、ということでしょう。このあたりにも長沢先生へのお気遣いが感じとれます。

印刷所に勤める

前項で、話に出てきた天業社という印刷会社に、私は昭和二十三年から二十八年までの五年間勤めました。先生の給料も安いというけれど、印刷屋はさらに安かった（笑）。

というのも、印刷所の仕事は出来高というか、どれだけ働いたかに応じて給料が決まりますからね。私は素人でしたし、仕事も早くはなかった。だから、職長だと日給八百円でしたから、その当時としてはよかったけれども、私は最低の百二十円でした。

だけど給料を貰わない時期があったものですから、給料を貰えるだけでも生活にプラスになるというわけで、ワイフも文句を言いませんでした。

一番よかったのは、この社長が「有源」の紙代や印刷代の協力をしてくれたことです。その時分はなんでも印刷して出せば売れるという時代でしたから、印刷会社はえらく景気が良くて、「あんたは無私でやられるんだから、私も協力しましょう」と言ってやってくれたんです。

その協力があったから、五年間も続いたんですね。

「雑誌」ではなく「純誌」に

この頃は安岡先生と頻繁《ひんぱん》に手紙のやり取りがありました。昭和二十五年九月二十四日の消印のある手紙が手許に残っています。この手紙を読むと、先生が「有源」という雑誌を非常に気にかけてくれておられたのがよくわかります。読んでみましょう。

冠省　先日有源同人の来訪の節生憎《あいにく》不在なりしも再度の約あり　色々貴地《きち》御近況も承りたく心待ち致し居りたるも遂に果さず残念に存じ候

有源誌号を重ぬるごとに洗練を加え楽しんで拝見且《かつ》同志逐次《ちくじ》弘《ひろ》まる様も窺《うかが》われ力強きことにこれあり候　若《も》し欲を申せば主人公が仕事に逐《お》わるる為な

らん　有源誌上にその力を発揮すること稍《やや》衰へ来れる感あり　同人の寄稿に比していつもやはり重きを成すようならではいかぬものに候　必ずしも分量や巧拙《こうせつ》の問題ならず　誌を貫く精神照映《しょうえい》の問題にて　有源も師友もその点一味にこれ有り雑誌にならず純誌たらしめる要之れ有り候

日本と民族の危機は全く悚然《しょうぜん》たるものあり　この度の敗戦降伏は尚未だ敗国の沙汰《さた》也　この次もしソ連に降り赤色革命成功せば終《つい》に是れ亡《こ》国にて国民は死か奴隷かとなり百年正気滅び申すべし　この危局を為政者や警察などに任せてその日の生計などに逐《お》われ　朝鮮などの乱に乗じて漁夫の利を求めて過ぐる今の日本の人士は何といふ愚昧《ぐまい》ぞや　是非無力微力を問はず吾輩同志誠を竭《つく》すの秋《とき》　最も正気を養ひ道を興すの学を講ぜざるべからざる所以《ゆえん》に御座候　長澤兄も志気《しき》健剛の事と存じ候　会語の砌《みぎり》諸同人へよろしく御鳳聲《ほうせい》願い上げ候

「有源も師友もその点一味にこれ雑誌にならず純誌たらしめる要之れ有り候」

という一文には身が引き締まる思いがしました。それだけに、

「若し欲を申せば主人公が仕事に逐わるる為ならん　有源誌上にその力を発揮することと稍衰へ来れる感あり」

との言葉が効いてくるのです。これはつまり、私が印刷の仕事に熱を入れすぎて、私の力が「有源」誌上に発揮できていないというご指摘です。そして、「有源」は雑誌ではなく「純誌」になるようにしなくてはいけないと。

これは私にとっては耳の痛い指摘であり、同時に、有難い言葉でしたね。

安岡先生がそういう手厳しい指摘をされたその背景に、戦後の共産主義の跋《ばっ》扈《こ》や利己主義の横行があったことが、後半の文章から読みとれます。

周囲に振り回されることなく行け

次に昭和二十六年六月にもらった手紙を紹介しましょう。先生の公職追放が解除になるのは同年十月ですから、その前の手紙ということになります。この手紙にも長沢先生について触れていますね。

御健学大慶、今夏は長澤兄なども久々に追放解除に相成るべく同慶に堪へず候　小生の犠牲に於《おい》て他一切の理事監事諸友の解除を当局に申入れ大体諒《りょう》承《しょう》を得居り候　小生も或は審査委員達の厚意にて最後に解除になるかも知れぬとの噂これ有り　勿論あてにならず候　然し小生如き去来無碍《むげ》の大自由人には追放など蜘蛛《くも》の巣の如きに過ぎず候　呵々御報告により目下の御境地は当今《とうこん》無上の贅沢《ぜいたく》にて健羨《けんせん》に堪へぬもの多かるべくと存じ候　有源の二字由来を探《たず》ぬれば不尽の所得候べし　更に易《えき》の井卦を玩索、最も寒泉《かんせん》の一語に徹すれば一段御進境に候べし

御依頼の額中一枚は寒泉を書き申すべく候　今は小宅狭陋《きょうろう》に加へて日夜客の出入り繁《しげ》く静閑《せいかん》を得て運筆を楽しむ清事を得難く候　間暫《そうろうあいだしば》らくお待ち願い上げ候　和歌山にも参りたく候へども兎《と》に角《かく》今夏は身辺の義理に絆《ほだ》され優遊も出来ぬ有様故御諒察《ごりょうさつ》願い上げ候

ここで「有源」の由来として「井」という卦《か》に出てくる「寒泉」という言葉に触れています。これをちょっと説明しておきましょう。

易に井卦、すなわち

水風井《すいふうせい》

という卦があります。これは井戸浚《さら》えを表すものですけれども、この卦の前

に

沢水困《たくすいこん》

という卦があり、さらにその前に

沢地萃《たくちすい》

という卦があります。沢は水溜《た》まりで、地に水溜《た》まりがあって水がそこへ集まる。すると草木が大いに繁茂するわけです。

ところが、繁茂するところでは止まらない。それが

沢水困《たくすいこん》

で、水溜りの底に穴が開いていて、水が流れ出て溜まらない。つまり、働けど働けど暮らし楽にならずというか、お金は入ってくるけれど、どんどん出て行ってしまう。だから「困」なのです。

で、その困を脱却するためにはどうあるべきかというと、次に

水風井《すいふうせい》

の卦となる。井というのは井戸です。井戸というものは使っている間にいろいろ物が落ちたりして水の出が悪くなったり汚れたりする。そこで昔から井戸は一年に何回か掃除をする。いわゆる井戸浚《さら》いをするわけです。これは、困っている原因を探求するという意味なんですね。

その原因を虚心《きょしん》に探求して、今何をなすべきかを明らかにする。そのうえで、次に思い切った改革をやる。このような改革を行うことを表しているのが

沢火革《たくかかく》

という卦です。

しかし、その改革にあたっては一党独裁的ではいかん。それを表すのが

火風鼎《かふうてい》

という卦です。これは鼎《かなえ》という三本脚の鍋で、いろんな材料を総合しながら料理をしていくことが大切であると言っている。すなわち、破壊だけでは単なる革命にすぎず、建設あってこそ破壊の意味がある。それが鼎新《ていしん》ということで

あると教えているわけです。

こうした易の一連の流れがあるわけですが、その水風井の卦の中に寒泉という言葉が出てくる。「寒泉食《くら》わる」と言って、いわゆる井戸水というのは地下水が滾々《こんこん》と湧くもので、深い井戸ほど温度が一定しているんですね。だからこの間までは写真の現像をするときに温度が一定していることが大切というので深い井戸水を使ったんです。

そのように、本来、井戸水というのは年中摂氏《せっし》二十度ぐらいで温度が変わらない。ところが夏は冷たく冬は温かく感じますね。それはなぜかと言えば、外界の温度が変化するからでしょう。井戸水自体の温度は変わらないけれど、外の環境が変化するから冷たく感じたり温かく感じたりする。

だから、ここに寒泉と書いてあるのは、そういうコンスタントな井戸水のことで、変わらないということを意味している。いわゆる周囲の変化に左右されないで変わらないことをいうわけです。

これを景気にたとえれば、景気のいい悪いにとらわれないで中道を行くというのが、寒泉ということです。

この寒泉を事業の上に生かしたのが住友なんです。住友のマークは井桁《いげた》でしょう。つまり、住友というところは景気のいいときにはさほど冴《さ》えないけれど、景気が悪くなっても大きく落ち込まない。コンスタントに行こうということを表しているんです。

するとちょうどマラソン選手のようなもので、横の走者に引きずられないで自分のペースで走るうちに、前から人が遅れて来て、ふっと後ろを振り向いてみたら自分が一番前を走っていたということになる。だから住友が三百年の長い歴史を維持してきたのは、この寒泉の精神によるものです。これは易から来る言葉なんです。

それであるとき先生が額に「寒泉」と書いてくれた。私は多少易をやっていたものだからわかるだろうと思って書いてくれたんです。要するに、周囲の動きに振り回されず、「有源」の初志を貫くように、というアドバイスをいただいたわけですね。

切歯扼腕の思い

次の手紙は、はっきりした日付はわかりませんが、おそらく昭和二十六年の暮れあたりにいただいたのではないかと思われます。先生の住所は埼玉県比企郡菅谷村になっています。

拝復　有源特集号披見《ひけん》通覧　仕《つかまつり》候《そうろう》　一冊毎《ごと》に内容体裁の美を加へ御努力の迹顕然《あとけんぜん》たるものあり　独力にてこの滾々不尽《こんこんふじん》の志気　徳業は全く感服に堪えず　能《よ》く云《い》う者はあれども能《よ》く為《な》す者は少《すく》く　能く為す者はあれども能く久《ひさ》しうする者は更に少く久しうして人愈々《いよいよ》敬を加ふるは至って稀《まれ》に候　東京の師友は小生を始め外護多し　貴兄の苦心に比すれば言ふに足らず候　密《ひそ》か

に貴兄の苦心或《あるい》は過労ならんかと察し師友を以て助け舟になさむかと老婆《ろうば》
心を出したるはそれこそ婆心の痴事《しれごと》なりしと苦笑仕候
　希望の事そのうちまた何か語録にても投稿仕るべく候
　正月は年来肚裏《とり》にありし一冊子を作って世人に資《し》せんと存じ只今《ただいま》やや努力
致し居《お》りそれを終り次第大阪迄《まで》参り申すべくその節は又出間《いずま》氏の楼上清会《ろうじょうせいかい》
に列し度《たく》存じ居り候。御自愛願い祈り上奉《うえたてまつ》り候　諸同志にもよろしく

不尽
正篤

伊與田覚様
研右

「有源」はときどき特集号を出しておりました。この手紙は安岡先生がその特集号の一つを読まれた後に書かれたものでしょう。年月日は定かではありませ

んが、手紙の中ほどにある「東京の師友（会）」ができたのが昭和二十四年、また終わりのほうに「年来肚裏にありし一冊子」とあるのは、おそらく先に致知出版社から復刊された『日本の父母に』という本のことではないかと思われます。

『日本の父母に』が刊行されたのはパージが明けた昭和二十七年ですから、やはり昭和二十六年の暮れあたりに書かれた手紙ではないでしょうか。

「能く云う者はあれども能く為す者は少く　能く為す者はあれども能く久しうする者は更に少くして人愈々敬を加ふるは至って稀に候」

とありますが、これは「口であれこれ言う者はあるけれど、実際に行動に移す者は少ない。実際に行動する者はいるが、それを長く続ける者はさらに少ないうえに、人が尊敬するようになるに至っては稀である」という意味です。私が「有源」を出したことを褒《ほ》めてくださっているわけですが、それにしても大変な褒め言葉です。

すでに話したように公職追放中は一切の活動ができないし、もちろん著書を出すことなど許されません。自分は動きたくても動けない。そんなときに、不肖《ふしょう》の弟子の私がご自分のやりたいことをやっているのをご覧になって、もしかすると安岡先生には切歯扼腕《せっしやくわん》しておられたのかもしれません。そんなご心情がうかがえるような手紙です。

能く云う者はあれども能く為す者は少く
能く為す者はあれども
能く久しうする者は更に少なく
久しうして人愈々敬を加ふるは至って稀に候

第三章

有源学院と関西師友協会

師友会の発足

安岡先生の公職追放が解除されたのは昭和二十六年の終わり頃だったと思います。ちょうどサンフランシスコ講和条約が結ばれる前後あたりじゃなかったでしょうか。その時分の先生は埼玉の菅谷《すがや》に行ったり東京に出たりしておられ、解除になった以降はたいがい東京におられました。

安岡先生の公職追放中、東京で先生に教えを請《こ》うていた人たちは寂《せき》として声なしという状態でした。それも無理のないところで、その頃は何か言おうものなら引っ張られるというありさまでしたからね。

先にもお話ししましたが、金雞学院、日本農士学校をはじめ全国で十六団体がGHQから解散団体に指定されて、財産が没収されてしまいました。そのときに会員名簿も取り上げられて、互いに連絡がとれなくなってしまった。

そこで連絡がとれる在京の有志たちが新たに集まる場として師友会というものを立ち上げたんです。それが昭和二十四年の九月のことで、この師友会がのちの全国師友協会の前身になります。

先生は追放中ですから、日本工業倶楽部《くらぶ》の専務理事をしておられた中島久万《くま》吉《きち》さん（父親は土佐勤王党《とさきんのうとう》で活躍し、初代衆議院議長となった中島信行）が会長になって、先生は内部の顧問というような立場で師友会にかかわることになりました。

関西師友協会の誕生のいきさつ

初めのうちはそういう会は東京に限るというふうにしておったところが、関西だけは先生の故郷でもあるし特別だという意見が出てきました。大阪の有志もその気を起こしますし、安岡先生もその気におなりになって、昭和二十五年ぐらいに関西に師友会をつくる発起人会ができました。

すぐに発起人も決まり、関西の有力な人々が寄ってくれた。私も若かったけれども、犬馬《けんば》の労《ろう》をとることになりました。

この会を立ち上げるときには、安岡先生が東京の師友会の初代事務局長をされていた細谷喜一さん（この方は池田内閣の内閣官房副長官を三期務められた）と、細谷さんが官界に戻るというので後を継ぐことになった八木信雄さん

（この方は戦前に朝鮮の知事をしておられた）と共に大阪に来られて出席されました。

ところが、予期しない事態が起こったんです。

会の世話人の一人に温厚篤実な某氏がおられました。この方は某銀行を創立したときの重要メンバーの一人ですが、安岡先生とも深い関係があって、先生が戦前につくった国維《こくい》会の熱心なメンバーでもありました。

国維会というのは安岡先生を支持する国の上層部の人たちの集まりで、後藤文夫氏（内務官僚）とか近衛文麿氏といった人たちが名を連ねておりました。金雞書院はこれに対して一般の人たちの集まりという特徴がありましたね。

某氏というのは、国維会の縁で世話人を買って出てくれたわけですな。

ところが、昭和二十七年に衆議院の総選挙があり、某氏は菅野和太郎さん（この方は佐藤内閣で通産大臣を務められた）という方の選対事務局長をやることになった。菅野さんは無事に当選したけれども、某氏は何か当局から違反を疑われるところがあって、しばらく収監されることになってしまったわけです。

そんな事件があったため、みんな関西師友の設立に熱が入っていたのですけれど、しばらく時期を待とうじゃないかという話になりました。安岡先生も「何もそう急いでつくる必要もないじゃないか」とおっしゃったのでね。

結局、関西師友協会ができたのは、七年後の昭和三十二年になってからです。

全国の師友会を組織する

関西師友協会ができるまでの間に、全国各地に師友会と名のつくものが散発的にできてきました。そこで、東京の師友会は昭和二十九年に全国師友協会と名称変更をすることになりました。紛《まぎ》らわしいからというのでね。ただし、名前には「全国」とついたが、普通の組織のように本部と支部の関係はなくて、それぞれの地域で独立してやっていくという形をとりました。

のちに大阪の各界代表が参画《さんかく》して関西師友協会ができたときに、関西は組織を明確にしましてね。それに触発されて東京もちゃんと組織化したほうがいいという話になって、理事制を採用することになりました。それまでは単に同志の結合だったのが、形式を整えたわけです。

これは東京が中心になり、地方からも理事を決めようというので、東北、四国、九州、そして関西というように四、五人が入ることになり、私も大阪から理事として入ったわけです。

安岡先生の立腹と驚き

関西師友ができたというので、随分、旧《ふる》い同人も期待されて、いろいろな会合をやりましても積極的に協力してくれました。できた年だったと思いますが、安岡先生をお招きして大講演会をやったんです。場所は大阪にあった朝日新聞社の所有する古い会館ですけれど、二千人ぐらいが入れる大きなホールでした。

そうしたら先生からえらい立腹したご様子の電話をいただきましてね。「だいたい君は猿回しのように僕を引き回すつもりか。僕は熱心な同志の集まりには行くけれども、そんな大衆相手の講演には行かん」と言うのです。

それで私は天下の形勢を述べて、先生を口説《くど》きました。

「今、先生のお話をみんなが要望してるのです。何も先生を看板にして人を集めようというのではありません。人を集めて先生をお招きしますから、どうぞよろしく」とね。

蓋《ふた》を開けてみたら、二千人の会館がたちまち満員になりました。中に入れないで「なんで入れんような会を広告したんや」と文句を言いながら帰っていく者もある。

それを見て先生もびっくりされていた。二千人の大衆の前で講演されるのは、戦後、先生も稀だったかもしれませんね。

東京に帰ってから、先生はえらい盛んだったと宣伝したらしい。それを東京の師友会の皆さんが聞いて、東京でも公開大講演をやろうかという案が起こったと聞いております。

再認識した安岡先生の魅力

その時分、東京に本部を置くある会が、些々《ささ》たる関西師友協会の講演会に二千人も集まるんだったら、自分らがやったらもっと集まるだろうと言って、大阪の中央公会堂を借り切って、有名な先生を呼んで講演会をやったんです。そうしたら三千人以上も入る会場に三百人ぐらいしか入らなかった。それは講師の名声を当てにしてやったから失敗したんですよ。

安岡先生の場合は、皆さんが尊敬していたこともあったけれども、それ以前に我々は公開講演の必要性を痛感していたし、青年はじめ一般会員に熱意があった。単に先生の名声に頼らなかったんです。そこが違っていたところでしょうな。

けれども、私はそのときに改めて安岡先生の偉大さを知ることになりました。というのも、こんなことがあったのです。

私は司会をしていたのですが、会場が二千人もぎっしり詰まってしまったから座るところがなくなってしまったんです。それで三階の一番上のところに席が一つ空いていたから、そこに座りました。

そうしたら、前のほうにいた学生のようなのが手すりに脚を投げ出して聴いている。「なんと無礼な奴や、こいつ、注意したろか」と思ったけれど、公開講演の最中だからと我慢していたら、先生の話が進むにしたがって、それが脚を引っ込めよった。そして鞄《かばん》からノートを取り出してメモしだしたんですね。

その様子を見て、ほう、先生はああいう若い無礼な学生も感服させるだけの魅力があるんかなと非常に感動しました。

その後も何回か同様の公開講演会を催しましたけれども、変わらずに皆さんが喜んで来てくれましたね。

小田原大造さんを偲ぶ歌

関西師友協会の初代会長を務められた小田原大造さんが亡くなられたとき、その葬儀に寄せられた安岡先生が偲《しの》ぶ歌があります。ちょっと読んでみましょう。

小田原大造大人を偲《しの》びて

安岡正篤

即今の　一心といふ　金光《こんこう》の　教を語る　その笑まひはや

国を憂へ　世を慨《なげ》きては　輝きし　大人《うし》のおもわの　まなかひにあり

戦果て　国の行末　語りつつ　浪速の春に　酌《く》みし君はや

「金光の　教を語る」とありますが、この小田原さんは金光《こんこう》教に凝っておられたんですね。こういう非常に熱心な人が関西師友協会の発足にかかわっておられたのです。

師弟同行の教育を目指す

この関西師友協会ができるより前、昭和二十八年の初めに、私は太平思想研究所を発展させて有源学院《ゆうげんがくいん》という大学生の修養を目的とした精神道場をつくりました。いわゆる師弟同行と言いますか、寝食《しんしょく》を共にしながら教育をしていく場所をつくりたいと考えたんですね。

これは安岡先生の素志《そし》でもありました。金雞学院をつくったのもそうだし、日本農士学校も師弟同行でした。単なる学校で時間的に教育をするだけでは人間教育には不十分で、師弟が切磋琢磨するというところに教育の本来の目的があるのだと先生は考えておられた。これは私も同じ考えを持っていましたから、有源学院をそういう場所にしようと思ったわけです。

有源学院の有源は、機関誌の「有源」も同じですが、王陽明の言葉からとったものです。

すでにお話ししたように私は師範学校を出て小学校の教員になりましたが、その後、新卒の若い人たちを始め、あちこちから私を訪ねてくる者が増えてきました。そのうちに中学の一、二年生が私のところで共同生活を営むようになったんですね。

その様子を見た師範学校時代の恩師・池永義堂先生が、王陽明の『伝習録』にある

「その数頃《すうけい》、無源の塘水《とうすい》とならんよりは、数尺有源《すうせきゆうげん》の井水生意《せいすいせいい》窮《きわ》まらざるものとならんには若《し》かず」

（人物というものは、常にこんこんと湧き出る泉のような清らかさや新鮮な息《い》

吹《ぶき》の心、活気・活力と言うものが無くてはならない）

という言葉から「有源舎」という名前をつけてくれました。昭和十五年のことです。

それがそもそもの始まりで、有源学院がスタートするというときに安岡先生が「有源舎より有源学院としたほうがよかろう」というので、こういう名称になったわけです。

死病にとりつかれて

有源学院は京都の八幡《やわた》にある無住の寺の提供を受けてスタートしました。それに伴い、私は大阪から京都に移ることになったのですが、そこに至るまでの経緯を少しお話ししましょう。

私は二十五歳の頃から禅に凝るようになりましてね。それまでは親鸞の浄土真宗に興味があったんです。先に安岡先生の手紙に名前の出た横尾真太郎という先生に直接の指導を受けて親鸞の教えに非常に感化され、坊主になろうかと思ったぐらいでした。

それが禅に変わってきたというのは、二十五歳のときに肺結核になってしまったのがきっかけです。当時、肺結核はまだ死病と言われていて、医者からも絶対安静を要すると宣告されました。まぁ医者から肺結核と宣告されると、もう治る見込みはあまりないと考えてもよかったんですね。とくに若い者の場合は進行が早かったから余計に厄介《やっかい》でした。

私もこれはもう死ぬのだなと思った。そして、どうせ死ぬのなら何か世の中に多少でも役に立って死にたいと思っていたところ、当時勤めていた学校の校長から「あんたしかできないからやってくれ」と、あることを頼まれました。

というのは、そのとき学校に大阪府下の先生方を集めて実際の授業を見せて、授業のしかたを批評するという研究会をやる予定があった。当初その担当になって準備をしていた私の先輩が急に肋膜炎《ろくまくえん》になってできなくなってしまった。しかし学校としてはもう案内も出しているから、今さら中止するわけにもいかない。

それで校長と教頭が私のところへ見えて、助けてくれというわけです。

「こんな無茶なことはあんたしかできへんから、やってくれ」と懇願されたのです。そこで百尺竿頭《ひゃくしゃくかんとう》一歩を進めて「及ばずながらやりましょうか」と引き受けました。

その行事は無事に終わったのですが、その後でおかしなことが起こった。どうしたわけか、もう微熱もなくなるし咳も出ないわけです。それで医者に診察してもらったら結核が治っているという。

先生も驚いて、どうして治したのかと聞くから、もうあまり長くないということを先生から言われていたから、どうせ死ぬなら薬を飲んでも飲まなくても同じだと思って、先生からいただいた薬をやめてある事に熱中しましたと申しました。そうしたら先生曰《いわ》く、「ままそういうことがある」とて呵々《かか》大笑された。だから私の結核は薬を飲まずに治ったわけです。

破れ寺を譲り受ける

それから後、私は禅に凝るようになるんです。それ以前の浄土真宗に対する私の信仰というものは非常に表面的なところがあって、結核で生死の境に来て信仰にぐらつきが出てきたんです。そういうことがあったので、禅を徹底的にやってみようと思ったというわけです。

そのとき私を非常に叱咤《しった》激励してくれた老僧がおりました。中井祖門《そもん》という禅師です。

この方は私が印刷屋で働いているというのでよく訪ねてきてくれて、そこの社長もこの老僧から非常な感化を受けました。

その時分に私は、太平思想研究所を正式に拡充しようというのであちらこちらに土地を探していました。けれども、資金なしに探しているわけですから無《む》手勝流《てかつりゅう》です。長男がもう小学校一年生ぐらいになっていたかな。よく土地探しに連れて回りました。そうしたら、「お父さん、いつになったらできるの？」と言うのです。「そのうちにできるさ」と答えていたのですが、その老僧がそれを聞きつけまして、「私のつくった寺を貰ってくれんか」と言ってきたんですな。

そこなら敷地も建物も広い。それに老僧から「君ね、初めからこれをつくろうと思ったら大変なことや」と言われ、確かにそうだと思うところがありました。

というのも、その前に王仁《わに》博士（日本に『論語』と『千字文《せんじもん》』を伝えたことで知られる）のお墓と称する場所に一万七千坪の土地があるから貰ってくれと言われたのです。しかし、一から建物を建てなくてはいけないから踏み切れませんでした。

でも、ここは敷地もあるし建物もある。いい寺なら貰うことはできないけれども、もう破《や》れ寺だから貰いましょうかという話になった。その寺はもともと、戦災を受けた人たちを助けたいというので、老僧は別に大きな靖国寺《せいこくじ》を建立して、はじめにつくったこの寺を提供していたんです。

そこに太平思想研究所を移すことにしました。これが昭和二十七年の半ば頃の話です。

有源学院を開く

ところが、印刷会社の社長がなかなかやめさせてくれない。その頃には多少なりとも重宝がられる存在になっていたのでしょうな。「顔だけでも出してくれ」と言うので、しばらくはそうしていました。

けれども、いつまでもそれでは中途半端になるから、いよいよ決心をして、二十八年の初め頃に寺を補修し、そこに有源学院と名前をつけて、太平思想研究所を発展させるという形にしました。

印刷会社を辞めるにあたっては退職金も何ももらうつもりはなかった。自分で辞めるんですからね。そうしたら社長が「印刷屋におるよりもそっちのほうをやるのがあんたの行くべき道や」と応援してくれることになりました。それで二百畳ほど敷いてある畳を全部入れ替え、襖《ふすま》なども全部張り替えてくれました。

それでまあまあ補修を済ませて二十八年の七月十二日に開院式をやったんです。そのとき安岡先生にお出でいただいて記念講演をお願いしました。そうしたら先生にゆかりの人たちが多く寄ってくれましてね。

新井正明さんもその一人で、私とはそのときが初対面でした。新井さんは当時はまだ四十ちょっとくらいでしたが、すでに住友生命保険の重役になっておりました。

他にも住友金属の田原さんという技師長のような方が来られました。この方も立派な人でした。それから先にも名前が出ましたが、田中良雄先生にもおいでいただきました。

田中良雄先生は住友電工で後に社長となる亀井正夫さんの上におられ、やがて住友本社の常務理事を務められました。非常に慈悲深い方で、東大在学中、人を救うべく線路に飛び込んで片足首を失いました。それで義足をつけていたために、歩くときに少しぎこちなかったのを覚えています。

田中先生は安岡先生とも夙《つと》に相知っておられました。そもそもの縁は、住友本社総理事の小倉正恒さんを介《かい》してのものだったと思われます。小倉さんは安岡先生と非常に親しかったのです。

大阪の住友は政治には一切関係していませんでしたが、珍しく小倉さんは戦中の近衛内閣のときに大蔵大臣になるんです。

小倉さんは安岡先生よりも年はだいぶ上でしたが、非常に先生を尊敬されていたんです。お母さんが病気になり、先生が東京から姿をくらまして郷里に帰っていたときも、それをどこからか聞きつけて丁重な見舞いを送ってくるような親しい間柄でした。

田中先生もその関係から安岡先生とのつながりがあったようです。安岡先生が田中先生にふれた手紙が私のところに残っています。それをご紹介しておきましょう。

山形師友協会の澤井修一（銀行社長）氏来訪、東北財界屈指の人格識見《しきけん》者にて社員研修に熱心な人なること御承知と思いますが　田中良雄氏のお話をしましたら是非《ぜひ》山形に一日御来訪願ひ　銀行其他《そのた》同志にお話願へぬかとの懇請《こんせい》也　小生よりお願すべきも一度内意《ないい》を伺っておいて下さい

山形師友協会から田中先生に講演依頼があり、田中先生のご意向を私に伺っておいてほしいという、安岡先生からの手紙です。この内容からも、安岡先生が田中先生に信頼を置いておられたことが伝わってきます。

私が初めて田中先生にお目にかかったのは有源学院の開院式のときでした。

新井さんと一緒に安岡先生の記念講演を聴きに来てくださった田中先生は、その後の祝賀会にも残ってくれました。まだ若い新井さんと、御大とも言える風格の田中先生が並んで座っている写真が残っています。

この田中先生には、私はずいぶんお世話になりました。忘れられない思い出も数知れずあります。

田中良雄先生の思い出

田中良雄先生は東大を出てから住友総本店に入ります。そこで総理事であった小倉正恒さんの薫陶《くんとう》を受けるんです。そして住友電工の経営がちょっとあやしくなったときには専務として、見事に経営再建を果たします。その後、再び本社に戻って、住友本社常務理事になるのです。

あの時分の住友は理事制を採《と》っていて、住友本家の力が大変大きかったんですね。その理事の一番上にいたのが小倉さんでしたが、一般の常務理事たちにも錚々《そうそう》たる人たちが揃っていました。終戦後、大丸の社長になったり、大阪建物の社長になったり、あるいは経済学者として名を成したりした人もおります。変わったところでは、〝老いらくの恋〟で有名になった歌人の川田順さんも住友の常務理事を務めた人です。

田中先生というのは非常に人情家でしてね。私が関西師友協会をつくるというのを聞かれて大反対されるんです。ある会合で同席したときに、田中先生は私を呼び止めて、こう言われるのです。

「君、また何かやっとるな」

「なんのことでしょう」

「師友会をつくろうとしておると新井君から聞いた。だけど、君がやる限り、わしは絶対反対や」

どうして反対されたのか。先生は私の生活を心配してくださったのです。有源学院をつくり、その前には太平思想研究所をつくって食うや食わずの生活を続けているのに、そのうえ師友会をやるとなったら、

「第一、奥さんが持たん」

と言うわけです。だから、絶対に反対だと。

田中先生は日頃から私のことを心配して、訪ねて行ったりすると、どこかの講演会の謝礼の入った封筒を出して、「これ君に」とそのまま渡してくれたりしていたのです。

しかし、あとで述べるように、有源学院には賛助会というものがありました。その会を後に私は解散するのですけれど、それもなんとか運営していける目途《めど》がついていたからのことです。私はそのあたりの事情を縷々《るる》説明して、

「先生ご心配なく」

と言いました。そうしたら先生は、

「そうか。なんとか成り立つのなら」

とホッとしたように言われたあと、ポロッと涙を流されたのです。あの涙は今も忘れられません。

もともとは安岡先生のかかわりで知り合ったのですけれど、そういう出来事

もあり、だんだんと関係が深くなっていって、亡くなるまでお付き合いをさせていただきました。

この田中先生が住友電工に行ったときに、その下におられたのが、後に住友電工の社長となる亀井正夫さんです。亀井さんは田中先生の感化をもろに受けた人で、結婚も先生の仲人でされています。

田中先生が亡くなったとき、奥さんから私宛てに綿々《めんめん》たる手紙が届きました。私が先生を悼《いた》む文章を関西師友誌に載せたところ、奥さんがそれを読まれたのです。

私はその追悼文の中に、田中先生からもらった手紙を先生が亡くなられてから探してみたけれど見つからない、という話を書きました。そうしたところ、その手紙が先生の遺品の中から見つかったというんです。それでわざわざ送ってきてくださったのです。

確かにそれは前に私がもらったのと同じ内容の手紙でした。どうしてそれが先生のところに残っていたのかはわかりません。おそらく下書きをしたものではないかと思うのですけれど、寸分《すんぶん》変わらない内容でした。

私は奥さんからいただいた手紙と、生前に先生からいただいた長文の手紙をコピーして、亀井さんのところに送りました。すると亀井さんの奥さんがいたく感動されたと聞きました。


そんな縁があって、亀井さんとも親しくなりました。亀井さんは私が成人教学研修所をつくった後、特別に訪ねて来られたり、三十周年のときには心臓にペースメーカーを入れた身で無理を押して記念講話に来てくれたりもしました。

実は亀井さんが最初に山に登ってこられたのには、ある理由がありました。というのは、そこに飾られている軸を見るためなんです。その軸には、「一隅《いちぐう》を照らす」という田中先生がつくられた有名な詩が書かれていました。これもやはり、先生の奥さんが私に送ってくれたものです。
その詩をご紹介しましょう。

一隅《いちぐう》を照らすもので私はありたい
私の受け持つ一隅が
どんなに小さいみじめな
はかないものであっても
悪びれず
ひるまず
いつもほのかに
照らして行きたい

この詩は住友電工の社是となっていました。全員がこの詩を唱えて、住友電工は復興していくんです。

ところがその原本は住友電工にはなくて私のところにある。それで亀井さんをはじめとして、住友電工の重役さん方が次々に山の中まで見にこられた。私にとっては懐かしい思い出です。

私は実業家でも経営者でもないけれど、安岡先生を介して田中先生と出会い、今度は田中先生を介して亀井さんと出会うと言うように、同じ精神を有するつながりができていったのです。

田中先生の手紙もいくつか残っています。私は先生のお母さんが亡くなったときにお悔やみの手紙を書きました。それに対する返信をいただきましたけれど、それを読むと、その当時六十半ばを過ぎていたでしょうけれども、田中先生の母を思う気持ちが滲《にじ》み出ています。よく見ると、手紙のそこここに点々がついている。これは母を偲《しの》び、涙を流しながら書かれたものだろうと、私は非

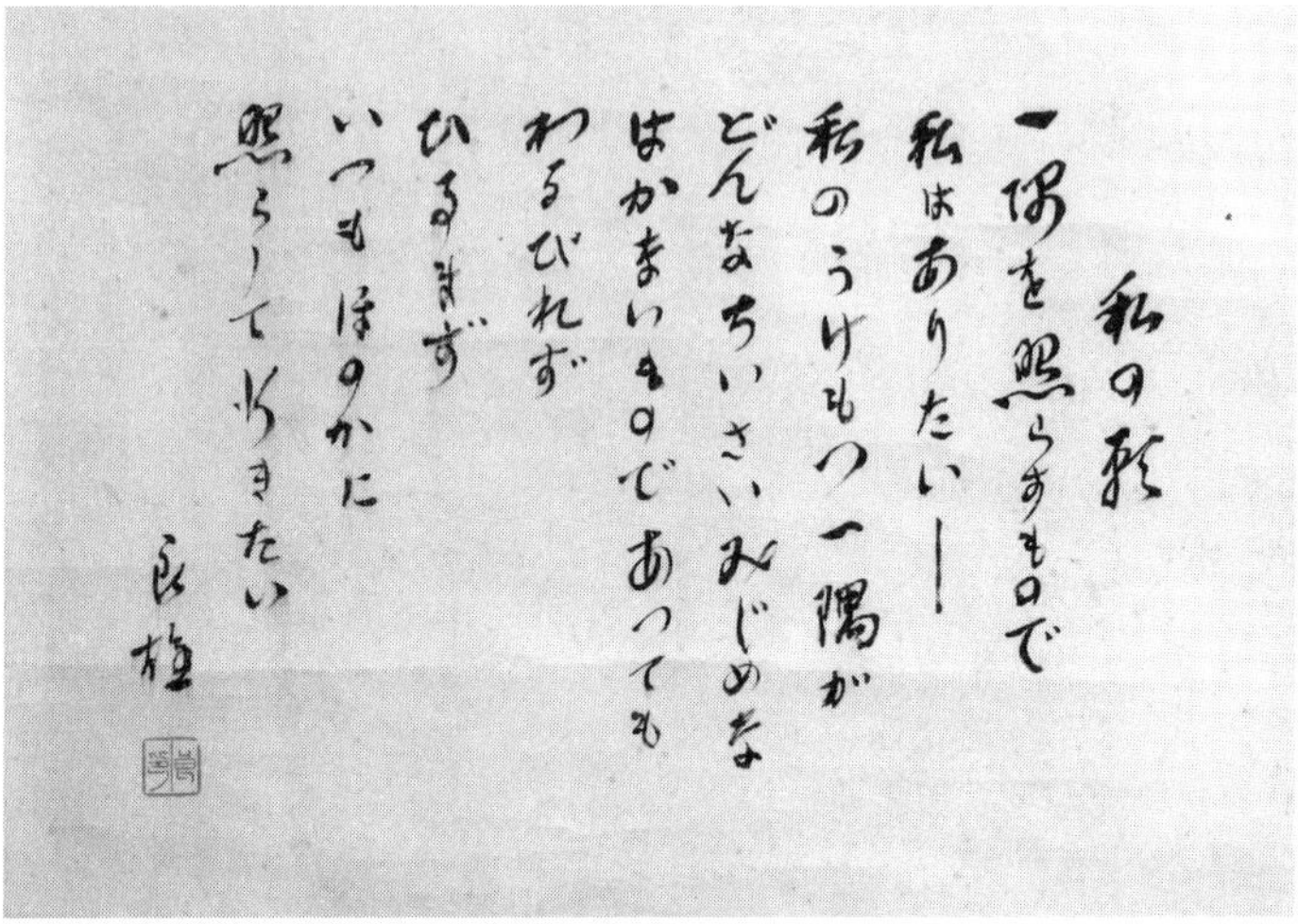

掛け軸に書かれた田中良雄先生の詩「一隅を照らす」

常に感激した覚えがあります。

そういうことで、田中先生とのかかわりは忘れられないものがあります。

有源学院の教育

　有源学院を開院したものの、肝心の学生はすぐには集まりませんでした。何しろその頃は大学紛争が激しいときですからな。こんな堅苦しいところに来る大学生はそうはいないかもわからんと私も考えていて、まあ三年間は無収入でじっと辛抱しなければいかんかなと腹を決めておりました。

　そのときに生まれたのが娘の恵子です。恵子という名前をつけたのは家内です。「恵」は「恵む」という意味ではなくて、「恵まれる」という意味なんです。確かに恵まれました。子供が生まれると随分苦労するだろうというわけで、皆さんがえらく誕生祝いとかいろいろ祝ってくれたのです。

三年は我慢と思っていましたが、予定よりも早く学生が集まってきた。将来天下の指導者になろうという、京都大学、大阪大学の学生を中心に、立命館、同志社といった各大学から学生が二十名ほど集まりました。いろんな学科の学生が入ってきたから、人数は少ないけれども総合大学の態でした。

そこで各人に一部屋ずつ与えました。狭い部屋でなくて、ちゃんとした部屋です。

こうして寝食を共にしての修養が始まったわけです。朝は早く起きて掃除をして、それから座禅をやって、『論語』の講義をやる。それが終わると、各人それぞれの大学に行って、また帰ってきて勉強をする。土曜の晩から日曜にかけては自由にしたけれどもね。

御飯は食べ放題

学生から月謝はもらうけれど、飯は食べ放題。食べ盛りだからたいへんです。そこで一計を案じた。昔は、炊いた飯を入れるお櫃《ひつ》というのがありました。そのお櫃の小さいのをたくさんつくったんです。それに飯を山盛り盛っておいて、自由に食べさせる。そうしたら人間というのは不思議なもんで、ようけあると思うたら、あまりガツガツしなくなる。

それで自分がええと思うだけ食べる。食べたくないときもありますからな、食欲のないときもね。それから夕飯は学校の帰りによそで食べて来ることもあるしね。

だから、いつも御飯が残るんです。それを一回遅れて私の家族が食べた。それは丼の中に残ったものではなくてお櫃の中に残ったものだから残飯ではない。けど冷えてしまっているんだ。

　一番下の子は二、三歳ぐらいのときやから、あまりわからなかったろうが、上の子らは「なんで家は冷たい御飯ばかり食べますのや」と。「いやいや、御飯というものはな、熱いときよりちょっと冷めたほうが栄養があるんや」と言ったりしていました。

　それで学生も満足をし、こっちのほうも生活が成り立った。家内には飯作りなどの世話もあったし、だいぶ苦労をさせたけれども、なんとか生計は立ちました。

賛助会員を募る安岡先生の手紙

実は有源学院ができたとき、安岡先生は運営にかかる資金を心配してくれましてね。それで賛助会をつくるというので、先生が皆さんにお願いする原稿を書いてくれました。こういう文章です。

人生・国家に於《お》いて教学《きょうがく》ほど大切なものはありません。然《しか》るに「学術を以《もっ》て天下を殺す」といふ古語《こご》の今日ほど痛切に感ぜしめられることはありません。伊與田覚君多年《たねん》ここに感じて正学《せいがく》を興し人材を養ふに力《つと》め、このたび中井祖門禅師より八幡《やわた》の常昌院を提供されて新《あらた》に有源学院を開きました。実に同人の大慶であります。時を憂へ、国を愛し、道を思ふ尊い同志の方々の有

力な御賛助《さんじょ》を仰望《ぎょうぼう》して止《や》まぬ次第であります。

この趣意書の中に出てくる「学術を以て天下を殺す」とは、中国、後漢時代の賢人・崔子玉《さいしぎょく》の座右銘として知られる不四殺の中の一節です。ご紹介しておきましょう。

嗜慾《しょく》を以《もっ》て身を殺す無かれ
貨財《かざい》を以て身を殺す無かれ
政事《せいじ》を以て民を殺す無かれ
学術を以て天下を殺す無かれ

欲や金は身を滅ぼすもとになり、政治の間違いは民を苦しめる。そして、学術、すなわち教育のしかたを誤ると国が滅びてしまう、と崔子玉は言っているわけです。この句を引いて安岡先生が示唆しているのが、当時の日教組教育への危機感であったことは言うまでもないでしょう。

この趣意書のお蔭で賛助会員が少しずつ集まりまして、学院の収入は少ないけれども、なんとかやっていけるような形ができていくのです。

そう言えば、その時分、税務署が「これだけ人を集めてきたら相当な収入があるやろう」と、税金をかけてきたことがあります。それで税務署の役人に、「無収入でも生きていく道があるんじゃが、あんたらわかるか」と言うと、「そんな方法があったら私にも教えてくれ」と言うので、あれこれ話をしたことがある。そうしたら「いいことを聞きました」と、それから税金をかけてこなくなりました。

賛助会を解散する

ところが、この賛助会ができてから三年ぐらいした昭和三十一年ごろに、私はこれを一方的に解散するんです。皆、びっくりしました。これから大いにやらなければいけないのに、なんで解散するのかと言って、熱心な人ほどえらく憤慨しました。

私は「賛助会の皆さんのお蔭で学生も集まるようになったし、運営にも見込みがついてきたので、このへんで独立していきたい。あまり賛助会に頼ると将来のためによくない」と自分の考えを皆さんに伝えましたが、「それはけしからん。こんなに一所懸命やったのになんだ」と大立腹でした。

しかし、私には明らかにしていない考えがあったのです。天下の形勢は保革対立という状況にあって、共産党や社会党左派の連中が日本にソ連とか中共をバックにした傀儡《かいらい》政権を打ち立てようという容易ならざる時代でした。それがために安岡先生は「有源学院のためなら労を惜しまぬ」とおっしゃって足を運んでくださった。前に述べたように関西に師友協会をつくろうという動きはありましたが、先生はそれよりもこの学院を応援してくださいましてね。

しかし、そういう重大な時期に、この些々《ささ》たる有源学院に先生を足止めしておくわけにはいかない。それは国家百年のためには決して大きくプラスにならない。やはり関西にも師友協会をつくって、先生にはそちらで自由に活動してもらいたい。そのために、有源学院の賛助会を解散して、その会員を師友会のほうに回ってもらおうと考えたわけです。

このような経緯で三十一年に有源学院の賛助会を解散して、昭和三十二年に関西師友協会ができた。このとき、今お話ししたような解散の本当の理由につ

やはり、先生ご自身が推薦文を書いてくださった
いて私は他言《たごん》していません。
こともありましたからね。

有源学院の卒業生

この有源学院は結局十年ぐらい続きました。卒業生の中からは随分いろんな人が出ています。大学教授もいれば、大きな会社の社長になっているのもいますし、政治家になった者もおります。

関西師友協会の副会長を務めた才川至孝《さいかわしこう》君なんかも塾生です。彼はちょっと特異な塾生でしたが、新明和工業の社長になりました。

有源学院をつくってから、私は朝夕は学生らと勉強をしました。昼間はちょっと暇ができるものですから、昭和三十二年に関西師友協会ができてからは理事で事務局長を務めることになりました。もっとも事務がとれない事務局

有源学院にて。院生（大学生）とともに座禅を組む

長だったんですけれども、大阪の各界の主だった方々は先生とつながりがありましたから、強力な組織ができてだんだん仕事も忙しくなっていきました。

第四章

成人教学研修所の創立

新しい道場の設立を発願する

私は関西師友協会の理事兼事務局長をしながら有源学院も続けていたわけですが、そのうちに多少移り気なところが出てきた。というのは、お話ししたように有源学院がよっていた場所は禅寺でしょう。廃寺のようでお坊さんはいないわけですが、全面的に寺の提供を受けて、本尊もそのままにしてありました。すると、これはやはり一つの宗教法人の中にあるわけで、それが引っかかってきたわけです。

寺を提供してくれた中井祖門老師には、私が僧侶になって自分の跡を継いでくれるのではないかという微《かす》かな期待があったようです。しかし、私には僧侶になる気持ちはなかった。既成の宗教ではやはり束縛がありますし、私はそういうものを離れて自由な立場で教育をしていきたいという気持ちでしたからな。それともう一つ、私は大衆運動的なものには向いていない。やはり教育者であるという気持ちがあった。そこで、関西師友協会の専門道場として、師弟同行の教育ができる研修所を人里離れた山の中に建てることを発願《ほつがん》しました。これは宗教法人ではなくて財団法人にしてやろうというわけですね。

しかし、これができるには随分時間がかかるんです。三十五年に発願して、できあがったのが四十四年の一月二十六日だから、九年かかったことになる。というのも、土地を探さなくてはいけないし、関西師友協会には財源もまだありませんでしたからな。

いろいろな人に相談すると、それはいい話やと言って皆共鳴はするけれども、雲をつかむような話ですから、「よし、俺が金出してやろか」という方はおられません。

四條畷神社からの提案

私は、この専門道場をつくるための土地を大阪中から探しました。そうしたところ、大阪府の所有地で適当な土地が見つかったんです。相当広い土地です。当時、府の副知事をしていた田中楢一《ならいち》という方と相知っていたので話をしたところ、大変賛同してその府有地を払い下げてもいいという話になった。

私はこれを借用するつもりでいたのですが、測量を済ませていよいよ最終段階というときになって借用のお願いをすると、「貸すわけにはいかん」と言われてしまった。「払い下げなら時価の半額でいい」とも言ってくれたのですが、いかんせん資金がない。師友会も財政的に固まっているわけではないし、またその応援を仰ぐべきものでもないと考えて、これはちょっと無理だと判断しました。

その土地というのは四條畷神社《しじょうなわてじんじゃ》（主祭神は楠木正行《まさつら》）の境内《けいだい》の南隣にありました。四條畷神社には広大な境内地があるのです。その宮司が大阪府との交渉がうまくいかなかったことを聞きつけて、「それは神慮《しんりょ》の致すところである。何も府の土地を受けることはない。神社の広い土地があるからこれを使いなさい」というわけです。うまくいかなかったのは神様の思し召しやというのです。当時、四條畷の宮司《ぐうじ》は大阪天満宮の寺井種長宮司が兼務をしていました。その頃は四條畷神社も疲弊《ひへい》のどん底にあったから、専任の宮司も置けない状態だったんです。

だから宮司には、ここに研修所をつくったら神社もそれによって生き返るだろうという思いもあったのでしょう。こちらとしても、四條畷は安岡先生とも関係の深いところですし、お願いしようということになりました。

土地払い下げ運動を起こす

四條畷神社の土地を借りるというので大阪府に断りの挨拶《あいさつ》に行ったところ、「ちょっと待った」とストップがかかったんです。なぜかというと、四條畷の土地は府有地だと言うんです。よくよく調べてみたら、確かに神社の境内は府有地になっている。

昭和二十三年に決まった法律で、戦前、神社が所有していた土地は全部神社に返すことになったんです。それなのに、なぜ府の所有になっているのかと言えば、大阪府の業務怠慢で返却手続きをしてなかったんです。

そこで、これは研修所をつくるよりもまず神社の安泰《あんたい》を考えないといかんということになった。借地の上にご本殿が建っているのでは、御祭神も安心していられないでしょう。まずこれを払い下げてもらわなければいかんということになって、大阪府に対して払い下げ運動を始めたんです。

そうしたら憲法違反だとか府会で決定しなけりゃいかんとか、いろいろ言い始めて、いつ解決するかもわからない。もともとの発端は府の業務怠慢であるのにおかしな話です。

そのときに、払い下げ運動に協力をしてくれたのが梅本健男という、元は大阪高裁の判事をしていた水戸出身の弁護士さんでした。

ところが、役所というのはそう簡単にはいかない。ついに業を煮やして、ここは安岡先生の力も借りなければならなくなりました。それで中央に交渉に行こうということになって、安岡先生の仲介もあり、梅本弁護士さんと共に首相官邸を訪ねました。

そのときの官房副長官が細谷喜一氏で、すでにお話に出た東京の師友会をつくったときの事務局長です。それで、こういうわけだと話をしたら、安岡先生から事前に話が通じていたらしく、直ちに快く聞き入れてくれました。

細谷さんは大阪府の怠慢云々《うんぬん》についてては何も言いませんでしたけれども、「この人に会いなさい」と言って、自治省の文書課長をしていた岸昌《さかえ》という方を紹介してくれました。岸さんは、こうした場合にはこんな先例があるといって、資料をコピーして渡してくれました。

しかし、その後も事態は遅々として進まない。そのうち、その岸さんが大阪の総務部長になってやってこられたんです。そして二回も大阪府会を開いて条例を新たにつくり、ようやくすべて無償で払い下げることになった。結局、払い下げが決定するまでに六年かかりました。ちなみに岸さんは後に大阪府知事になられるのです。

理想の土地を見つける

苦労してようやく四條畷神社の土地が戻ることになり、いよいよ道場建設用地が確保できることになりました。けれど私は、そこでこう考えました。神社側に土地が返ったからといって、それをすぐまた研修所の敷地にするというのは、何か下心があってやったように受け取られるのではないか、と。とくに安岡先生も関係をしておられるとなると、先生の徳を損《そこ》なうことにもなりかねない。

だからこれは早くキャンセルしたほうがいいと思って、土地が返ると同時に話を白紙に戻したんです。

それでまた土地探しを始めたところ、今度はあちこちから提供しようかという話が出てきました。中には一万七千坪を提供するという人もいましたけれど、帯に短し襷《たすき》に長しで決めきれない。

そうしたところ、四條畷の近くに非常に風光明媚《ふうこうめいび》ないい土地があるというわけです。ただし、そこにはまだ道がついていない。私は、その道のないところに入って行きました。皆さんからは「道がないのにどうやって行くのか」と言われましたが、「人間が入ると道はできるんだ」と答えたりしていました。

そうしたら、四條畷神社と飯盛《いいもり》山の谷を隔《へだ》てたところにある周囲四キロぐらいの室《むろ》池という池の近くに、実にいい土地が見つかったんです。一目して、「あっ、これは我々のために残してくれとったんやな」というくらいの素晴らしい場所でした。

そこはもともと京都大学が原子炉の研究機関をつくる予定地だったところです。ところが、地元の人たちが筵旗《むしろはた》立てて猛反対をしたために、とうとう取りやめになって、土地がそのまま残っていたわけです。

これは天の采配《さいはい》で残してくれたものだと思って調べてみたら、近鉄が所有している土地だということがわかりました。さっそく近鉄に話を持っていくと、その土地は国定公園内にあるから普通の民家は建てられないけれども、公共的財団法人のようなものなら建てられるという。そして「あなたの話はなかなかいい試みだから、必要なだけ取りなはれ」と言われました。

それならば二万坪ぐらい欲しいと思ったけれど、相当の金が必要になるので、とりあえず五千坪を譲ってもらおうかと考えました。

とはいうものの、金は一文も持っていない。金の当てもないのに計画しているわけだから、なかなか踏ん切りがつきませんでした。

水到りなば渠成る

その頃、こんな思い出深い出来事がありました。

東大で安岡先生より十年ぐらい先輩の、東洋紡の会長をされていた進藤竹次郎さんがおられました。言葉は訥々《とつとつ》としておりましたが骨のある立派な方で、大阪財界でも甚だ人望の厚い方でした。

この進藤さんは東大の後輩である安岡先生を師と仰いでいた。それであるとき、安岡先生に揮毫《きごう》をしてもらいたいと懇請《こんせい》されましてね。先生はほとんどそういうことは聞き入れなかったけれども、そのときはわざわざ大阪まで来られました。

先生は当時まだ大阪にあった〝なだ万〟にお泊りになり、進藤さんがそこへ来られて揮毫をしてもらうことになりました。私がその宿にちょっと遅れていくと、硯《すずり》もそのままになっておりましたから、先生に「一句にして研修所ができるようないい言葉はありませんか」と、一筆お願いしたわけです。するとと先生はたちどころに、画仙紙に大きくこう鮮《あざ》やかに書いてくれました。

「水到渠成」

そのときは「水がくれば自然に溝ができる」という言葉かと思って、詳しい意味も聞かずに帰ったんです。ところが、帰ってからいろいろ調べてみると、ちゃんとした意味がありました。

要するに、この「水」というのは「徳」なんですね。だから、「徳ができたら自然に物はできるんだ」という意味になる。ということは、裏返したら「研修所ができないのはお前さんの徳が足らんからだ」と言っているわけです。

しかも、ここでいう徳とは陽徳《ようとく》ではなくて陰徳《いんとく》、人知れずして積んでいく徳が形に現れてくるんじゃというわけです。

そうすると私のように徳のない者は百年河清《かせい》を待つようなもので、いつになったら願いがかなうかわからない。それで一層、踏ん切りがつきにくくなったわけです。

協力者が現われる

そんなときに、神社の土地の払い下げ運動に尽力《じんりょく》してくれた梅本弁護士さんが私の事務所を訪ねてきてくれました。そして、「あんたはいつまでグズグズしてるんだ。日本は今、非常なる危機に瀕《ひん》している。一刻も早く決意しなさい」と懇々《こんこん》と説教をして、帰りがけに「いろいろ準備の資金も要《い》るだろう」と言ってクシャクシャになった状袋《じょうぶくろ》をポンと置いて帰った。

梅本さんが帰った後で袋の中を見てみると、百万円が入っていました。昭和四十三年の百万円ですから大金です。

どうすべきかと迷いましたが、ここは一つ有難く受けよう、そして必ず研修所を建てようと、そこで本当の決意をしました。百万円に頭を叩《たた》かれて、不退《ふたい》転《てん》の気持ちでやろうという決意が固まったわけです。

そうやって気持ちを決めたら思いがけない共鳴者が出てきました。進藤竹次郎さんです。

土地の見込みがついて、建設委員長を誰にしようかと思って進藤さんにお願いすると、快く引き受けてくださったんです。進藤さんは委員長を引き受けるにあたって、こうおっしゃいました。

「私は現職を去って、もう二度と営利のことや金の問題には触れんつもりだった。これからは悠々自適の生活をしようと思ったけれども、あんたの頼みだから、至らんけれども私が委員長になりましょう」とね。

この進藤さんが建設委員長を受けてくれたので、他の人たちも動き出した。まず新井さんが動いてくれた。新井さんはもう住友生命の社長になっていたときですが、副委員長になってくれました。

それで進藤さん、新井さんと、久我俊一という日本の材木王と言われた人たちと一緒に近鉄に交渉に行きました。近鉄さんのほうはそれらの人とのつながりがありましたから、「金はできたときでよろしい」と言ってくれた。それで、土地代は払わずに工事を始めて、建物を先に建てたんです。

そうしたら一年もたたないうちに資金が集まった。支払いを済ませて、なお相当の金が余りました。だから、山の中に入っても借金取りは来ないし、いわゆる運営の資金稼ぎのために研修をする必要がなくなった。自分の気にいらない行事は受け付けずに済んだわけです。

その後、数年おきに何回か増設をしましたが、資金で苦労したことは一度もありませんでした。これは言うまでもなく安岡先生をはじめ、諸先輩の徳によるものでした。

山の上に整った近代的設備

建物の建築で問題になったのが水道と電気です。というのも、近くを走っている国道から歩いて三十分か四十分くらい離れた山の上ですから、電気も水道も来ていないわけです。

事前に土地の鑑定士に鑑定してもらったところ、三百二十メートルの高地だから百数十メートルもボーリングをすれば水は出るかもわからない。それでも出なかったら下にある室池の水を濾過《ろか》して使うよりほかにないと言われました。そして、人間の住むところとしては最も不適当な土地であるという鑑定書をもらいました。

私は「いい土地だからなんとかなるだろう」と建設に取り掛かったんですが、

コンクリートを練るにも水が要るというので、専門の業者が三、四日かけて井戸を掘った。しかし全く出ない。業者が「どうしましょうか？」と相談にきました。

そこで私は地図に丸を書いて「ここを掘りなはれ」と指示しました。「この円から外へは出たらいけまへんぜ。ここを掘りなはれ」と。

そして私の指示に従って業者が一日ぐらい掘ったところ、水が滾々《こんこん》と湧いて出てきました。

その日のことは忘れられません。私がたまたま山へ上がっていったときに、水が滾々と出たのです。井戸を掘った人も「いい水ですわ、水量も豊富です」と、びっくりしていました。わずか八メートル掘っただけで水が出てきたのです。それで水は確保できました。

次に電気をどうするか。これはさすがに自家発電でもしなければ対応できないかと私も思った。それでも関西電力に相談に行くと、関電の重役に安岡先生と中学が同窓という方がいました。その人に話をすると、「それはいい計画や。協力するわ」と言って、すぐに電柱を五十本立ててくれた。それで電気の問題も片付いてしまいました。

だから水道は出るし電気も点《つ》く。水をくみ上げるのにも電気でポンプが動かせましたから、山の上ですけれど初めから水洗便所にしました。まだ四條畷の市中に水洗便所が普及してないときですよ。思わぬ近代的な設備が山上に整ったわけです。

成人教学研修所と郷学研修所

こうして完成した研修所には「成人教学研修所」という名前をつけました。これは安岡先生に頼んでつけてもらったもので、私が昭和三十五年に「こういう師弟同行教育の場を作りたい」と発願し、それを先生にお話ししたときにいたくご賛同になって、直《ただ》ちにつけていただいたものです。

本来から言うと、先生は日本農士学校の後につくる研修所、すなわち現在の郷学《きょうがく》研修所にこの名前をつけようと多少は考えておられたのではないかと思われます。

日本農士学校は解散命令を受けた後、埼玉県が接収《せっしゅう》して、改めてその一部を残して先生の門下生がそこの長を務めるという形で続いていました。その形がある程度固まってきたので、新たに財団法人の認可を受けることになったんです。ただ、その設立許可が得られたのが昭和四十五年ですから、戦後ずいぶん時間がたっての話です。

そのときに日本農士学校は一応閉じて、新たに財団法人の名前を考えることになった。本来であれば、それに先生は成人教学研修所とつけたかったんだろうけれども、もう先に私のほうにつけているので、郷学研修所にしたわけです。

もしも埼玉のほうが先にできていたなら向こうが成人教学研修所で、こちらが郷学研修所になっていたかもしれません。

成人教学研修所の創立趣旨

昭和四十三年十二月十五日、成人教学研修所建設の趣旨を安岡先生が書いて下さった文章があります。ちょっと読んでみましょう。

創立趣旨

時世は移り、問題は改まって、留まる所を知りません。然《しか》しながら、その中に在《あ》って、結局変らぬものは、いつの世にも、何事にまれ、大切なものは人であるといふことであります。戦後久しく「人間疎外」といはれ、「人間不在」とまでなりました。物質主義・功利《こうり》主義の社会は、その致命的な無理を暴露して、改めて亦《また》、いかにして人間を回復するか、人材を養成するかといふ問題を痛切に省《かえり》みねばならなくなりました。現在の危機を克服するものは根本的に教育であり、我々が今日経験してゐる科学・技術・産業上の諸革命と相待つ理性的・精神的・道義的革命が起らねば、この文明は救はれないといふことも定説であります。

今後の教育は、これから世に出る少青年に形式的資格を與《あた》へるにすぎぬ学校教育だけでは到底この時代的要請に応《こた》へられるものではありません。又すでに世に出た人々を、思ひつきや、間に合はせ的な指導を行って、それで満足されるものでもありません。明けても暮れてもあわただしく、荒《すさ》んで、精神的な濡《うる》ほいのない日常生活に疲れてをる人々、老いたるも若きも、暇があれば、山に海に遊ばうとする様に、心の満たされない救《すくい》や教《おしえ》を求める人々に道を開いて、従来の蒙《もう》を啓《ひら》き、安心立命に導き、これからいかなる地位に就《つ》いても人の信用を得、又いかなることも進んで習熟する用意の出来る人物を養成することが大切であります。日本人らしい精神・教養・人物、この故《ゆえ》に諸外国人も敬愛を以て友好の手を差し延べる様な人物を養成することが大切であります。

我々はこの確信と情熱を以て、多年《たねん》教学を興すことに努力して参りましたが、このたび多くの同志達の協力によりまして、大阪奈良の中間、生駒・飯盛に続く山水秀麗《しゅうれい》の地で、しかも交通至便の浄境《じょうきょう》に地を卜《ぼく》して、成人教学研修所を設立し、時代の要請に即応し、国民の歴史伝統の心泉をも優に掬《く》む教学の道場を興すことになりました。

どうか大方の諸賢の御熱心な道援《どうえん》を仰望《ぎょうぼう》するものであります。

「いかなる地位に就いても人の信用を得、又いかなることも進んで習熟する用意の出来る人物を養成することが大切であります」

まさにこのような人物づくりを目的として、私は成人教学研修所をつくったのです。

この文面からもわかるように、先生は成人教学研修所の落成を非常に喜び、支持されたんです。有源学院のときもそうでしたが、先生は私の計画することをいつも全面的に支持してくれました。戦前は大分論争しましたけれど、戦後はそういうことは全くありませんでしたね。まさに啐啄同機《そったくどうき》でした。

いかなる地位に就いても人の信用を得、
又いかなることも進んで習熟する用意の
出来る人物を養成することが大切であります。

記念の風呂敷

そう言えば、成人教学研修所ができたときに、何か記念品を贈ろうという話になりました。それで何がいいかと思案しておりましたが、先生の助言もあり大風呂敷に字を染め抜いたものをつくって皆さんにお配りすることになりました。

その風呂敷に入れる字は先生が書いてくださり、送ってくださった。

そのことを認《したた》めた手紙が次のものです。

記念品の事やはり色紙の刷物《すりもの》などより風呂敷の方宜《よろ》しくこれなれば字も印も良く表現され実用にもなることゆえ今日（日曜）又客を謝し手習して不満足

ながら一枚書き上げましたゆえ別便でお送りします。
文は三包―布能包物。身能包徳。心能包天　これを真中にして別紙の細字を
隅に入れればよろし

先生が書いてくださったのは

布能包物
身能包徳
心能包天
（布よく物を包む
身よく徳を包む
心よく天を包む）

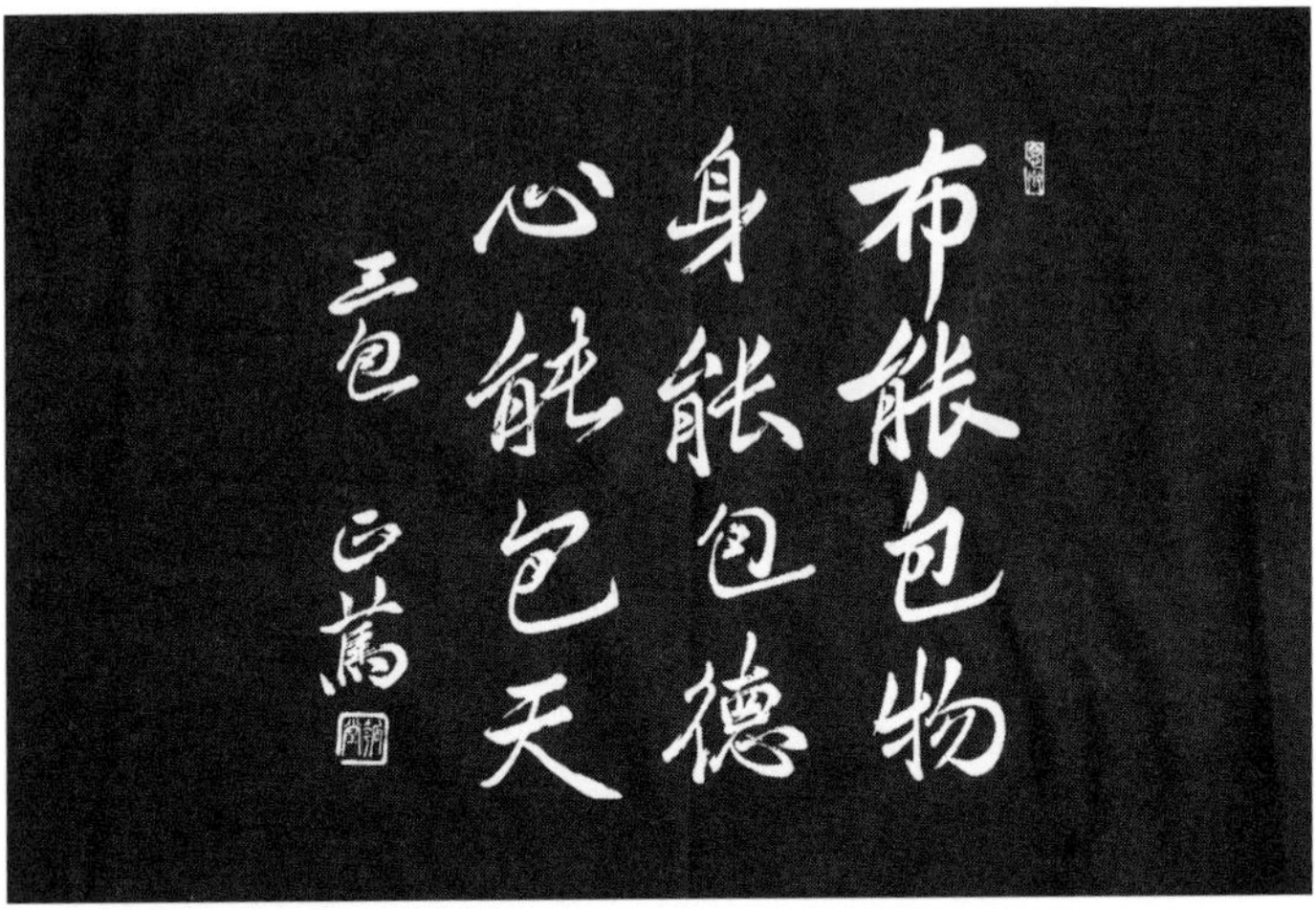

成人教学研修所設立の折、安岡先生の助言でつくった風呂敷

という壮大な言葉です。三つ包むので三包というわけですな。

この言葉の出典をいろいろ調べてみると、どこにもないんですね。どうやら安岡先生が思いついて書かれたものらしい。でも、この言葉に非常に感動して、私に出典を聞きに来る人もありました。それを先生にお話しすると、大変に喜んでおられたのを覚えています。

この風呂敷は今でも残っていますよ。

安岡先生の漢詩

成人教学研修所の壁にかかっていた漢詩があります。安岡先生が書いて贈ってくださったものです。

哲人自古愛雲山
今学亦須超俗寰
挙世滔々何處逝
猶興同志箇中閑

「今朝偶々《たまたま》出来タモノ取急ギ送リマス。多勢客ガ来テ居ルノデ走筆御免」という一文が添えて送られてきたものです。「走筆」なんて洒落《しゃれ》た言葉ですね。意味はだいたいこんなところでしょう。

優れた人物は昔から雲や山を愛す
今学ぶ者はまた必ず俗世間を超えなくてはいけない
世はあげて滔々《とうとう》と流れてどこへ行くやらわからない
その中にあってなおその人の心中は常に静かである

「哲人自古愛雲山」——研修所は深山にありますからね、まさに雲山です。「猶興同志」の「猶興《ゆうこう》」はご承知のように『孟子《もうし》』にある有名な言葉です。「かの豪傑の士の如きは、文王無しと雖《いえど》も猶興る」（尽心上）と。これは王陽明がよく使った言葉でもあります。

本物の人物ならば、文王がいなくとも立ち上がるであろう。つまり、認めてくれる人がいようがいまいが、自分一人であっても猶興る。「箇中《こちゅう》」は心の中ですから、そういう同志の心の中は外とは違って非常に静かであると。研修所に学ぶ者は、こういう心がけが大切だということですな。

先生はこれを色紙に書いておいてくれましてね。それを印刷して配ったこともあります。

学規

成人教学研修所ができたときに安岡先生にお願いして作ったのが次に掲げる学規です。

学規

一　人と成るは、教《おしえ》を聞き、学を修《おさ》め、業を習うにあり

二　教は、人の善を長《ちょう》じ、その失を救うものなり

三　学は、自ら窮《きゅう》するも苦しまず、憂《うれ》うるも心衰えず禍福《かふく》終始《しゅうし》を知って惑《まど》わざるを旨《むね》となす

四　業は、日に新《あら》たなり、己を虚《むな》しうし、旧習に泥《なず》まず自彊《じきょう》息《や》まざるべし

五　文明は、誤って亡《ほろ》び易《やす》し、人は常に、素朴を愛し自然の理法を学ぶべし

六　日常の行事を慎むべし、思想言論は往々《おうおう》己を偽《いつわ》り人を誣《し》い易し、小事《しょうじ》却《かえ》って能《よ》く人の真《まこと》を表す

七　少《わか》くして学べば壮《そう》にして為《な》すあり、壮にして学べば老いて衰えず、老いて学べば死して朽《く》ちず

これを先生にお願いしたとき、先生は内心喜ばれたようです。ところが「私がつくったということは絶対に口外《こうがい》せんように」と言われました。おそらく私に花を持たせようとのお気持ちだったのでしょう。

この学規の言葉にはとくに出典は書かれていませんでしたが、『荀子《じゅんし》』とか『大学』とか佐藤一斎《いっさい》の『言志録《げんしろく》』とか、いろいろなところからとられています。

この「学規」というのは、学ぶ者の心得みたいなものですけれど、それが七つあるというのは、吉田松陰の「士規七則《しきしちそく》」を意識されたのではないかと思います。

この七つの中でとくに思い出深いのは、五番目にある「文明は、誤って亡び易し、人は常に、素朴を愛し自然の理法を学ぶべし」の一条です。ここは私が研修のときに必ず強調するところなのです。

これに関連して私は松下電器の話をするんです。若い人はご存じないかもしれないけれど、昭和四十五年に大阪で万国博覧会が開催されときに、百年ごとに開けるタイムカプセルと五千年先に開けるタイムカプセルというのを松下電器が出展した。その中には現代で使用しているいろいろなものを納めたのですね。

でも考えてみたら、五千年先にタイムカプセルが朽《く》ちずにあるかどうかもわかりません。わかりませんけれども、夢を五千年先に置いたわけですね。世界の文明史を紐解《ひもと》いてみると、エジプト文明にしても、チグリス＝ユーフラテス文明にしても、その遺跡は遺しているけれども、当時の文明は現在に残っていない。だから文明発達史は即ち衰亡史であるともいえる。

その五千年先を見据えて、松下さんはいまだかつてないタイムカプセルをつくったわけでしょう。これは奇想天外《きそうてんがい》といっていい。しかも、そのタイムカプセルは今どこにあるかというと、大阪城の本丸跡の地下に埋めてあるんです。

ところが大阪城は二代保っていない。そこに五千年先に開けるものを埋めたんだな。これもなかなか面白い発想です。

私がそんな話を久保田鉄工の鋳物《いもの》工場から来た研修生にしていたら、「実はそのカプセルは私がつくりましたんや」という者が出てきた。つまり、久保田さんの技術も五千年先に試されているわけだ（笑）。果たして五千年持つかどうかとね。


文明というものは、うっかりすると滅んで行く。現代の文明が今のままでいつまで続くかわからない。だけれども、こういう夢を持って生きて行くということが大切だという思いで、安岡先生はこの一条をここへ入れてくれているのだと私は思うのです。

その自然の理法に学べよと。これはやっぱり高い人間の言葉です。こういうところはやっぱり先生が普通の学者と違うところだと私は思います。

論語堂の建設

成人教学研修所が開院してから五年後の昭和四十九年、論語堂が落成しました。当時、中国は文化大革命の頃で孔子は大批判にさらされていましたから、論語堂をつくると言ったときには大阪の財界の中から反対意見が上がりました。将来の対中貿易その他について随分問題があるというわけです。大阪の財界人などはやっぱり商売に敏感ですからな。

このときも私は安岡先生に相談をしました。そうしたら先生は「論語と忠臣蔵はいつやってもいい。そんなことに気をとらわれず、その名前でやりなさい」と言われ、まさに鶴の一声で論語堂建設が決まったのです。

ただ、これは、随分批評があったから資金も集まりにくいだろうと思っていたところが、とんとんと集まって、建設してなおも相当に余った。それで国交断絶の台湾から孔子第七十七代嫡孫《ちゃくそん》の孔徳成《こうとくせい》先生をお迎えしようという、夢のような話が湧き起こりましてね。論語堂に掲げる孔子像の開幕式にお呼びすることができたのです。

この論語堂をつくるにあたって、いろいろな方の協力がありました。とくに建設委員長を引き受けてくれた久保田鉄工社長の広《ひろ》慶太郎さんと、資金部長を引き受けてくれた住友生命社長の新井正明さんには大変お世話になりました。

自分の失敗を繰り返すな

私は成人教学研修所ができあがった昭和四十四年から研修を始めました。そのとき私は五十四歳になっていましたが、そこから山に籠《こ》もることになります。以来三十五年、あまり山から下りてくることもありませんでした。

安岡先生からも「君は山から出るな。わしの失敗を繰り返すな」と言われていました。失敗というのは、こういうわけです。

先生は学校のような形式的なものではなくて、生活を一緒にしてその中から人間形成をしていく、いわゆる師弟同行の教育を一つの理想としていました。金雞学院をつくったのも、日本農士学校をつくったのも、そういう目的からです。

ところが金雞学院が先生の思ったようにはいかなかった。学院には知事の推薦を受けたような全国の優秀な学生が集まったんですよ。竹葉秀雄とか菅原兵治とかいうような多士済々《たしさいさい》がね。それで一年ぐらいは先生も寝食を共にされて、先生の意に沿うような師弟同行の教育をされたわけです。

しかし、そのうちに先生が社会的にだんだん有名になると、あちこちから講演会だなんだといって引き出されるものだから、学院を留守にすることが多くなった。するとどうしても、いろいろ問題が起こってくるようになったんです。

優秀な青年を集めているものですから、皆、強い個性がある。先生がおられるときは一致して勉学に励んでいたのですが、先生が留守がちになるというと、次第に内部にタカ派とハト派といった派閥ができてきた。

そして、先生がおられないとタカ派のほうが強くなり、先生がおられるとハト派のほうが勢いづくといった様子になった。そのうちに思わぬ事件が起きたり素志《そし》に反する者が出てくるようにもなった。

そういう経験から先生は私に「教育は師弟同行であるから常に先生は弟子のそばにいないといけない。弟子が立派になるのはいいが、先生が有名になってはいけない」とおっしゃって、「自分の失敗を繰り返すな」と戒《いまし》められたんですね。

先生はじっくりと教育をして、そして教えられた者が立派になるようにするのが教育者の務めである。教育者そのものが有名になるのを思うのは教育の邪道であると言われたわけです。しかし、よい教育者であればあるほど名声は高まるというものですから、これはなかなか難しいのですが、教育の第一の目的は人を育てることです。それを忘れてはいかんということを、先生は自戒を込めておっしゃったものと思います。

成人教学研修所の教育

成人教学研修所では企業から来た人たちに『四書』の講義を順番にしていきました。『大学』から始めて、それからあとは『論語』をするとか『孟子』に入るとか『中庸』をやるとか、順番はいろいろでしたけれども。

期間はだいたい六か月で、一か月に一度、一泊二日で講義をするから十二回ということになります。講義が始まると、もう山中暦日《れきじつ》無《な》しだから、いつ果てるかわからない。時間を決めることなく続けます。そして夜になれば和やかに一杯やるんだね。

これを三十四年ほど続けました。延べ人数では六万人ぐらいの人が来ています。生徒さんは若い人が多く、三十年以上たった今は、最初の頃に来た人たちはほとんど、会社の中でも幹部になっています。

この間もある会合に行くと、「先生、お久しぶりです」と声をかけられた。見覚えがなかったから「君、どこで会ったかな」と聞くと、「実は今から三十年前、先生に正座して『四書』の講義を受けました」と。「あれからご無沙汰しております」と言ってくれた名刺を見たらある大企業の専務になっておりました。

三十年もたつと、そういうことがしばしばあります。今もまだ覚えていてくれて親しく声をかけてくれるということは、些《いささ》かなりともお役に立てたのではないかなと嬉しく思いますね。

伊與田本家の墓地に詣られた際、氏神廟の前で安岡先生(左)と

エピローグ
安岡正篤先生と歩んだ道

どこを切っても無私無欲の人

私は安岡先生と約五十年の間、師弟の関係にありました。最初にもお話ししたように、私は安岡先生に付いて安岡先生の求めた道を学んできました。まあ、変ちくりんな弟子であったとは思うけれど、先生にはとても大事にしていただきました。

こうして先生との交流を振り返って私が思うのは、先生には表と裏があまりなかったということです。私は先生が大阪に来られたら必ず車をご一緒して、宴会なども含めてたいがい行動を共にしました。東京での先生の動静は知りませんけれど、大阪ではもう数十年にわたって公私いずれも見せていただいていたわけです。

表（公）の先生の姿は皆さんよく存じているかもわからないけれども、裏（私）の先生を見て、私は尊敬の念がますます強くなりました。実のところ私が先生から離れなかったというのは、そこを見ていたからなんです。

先生を一言でいえば、なんといっても無私無欲の方でありました。もちろん、学問的に東西古今の学に通じた、類《たぐい》まれな学識を持っておられたというのも一面です。先生をして五百年に一人しか出ないような人物であると評する東大の先生もおられました。また、先生は人を大事にしましたし、人と競うということもなかった。

私はこうした一面についても非常な尊敬の念は持っていましたけれども、なんといっても一番は、どこを突いても無私無欲であったところです。出世欲というものもなければ、世の中にもてはやされたいというような態度も微塵《みじん》も見えなかった。それが先生を語る上で一番忘れてはならないところでしょう。

先生は国家社会のために働きましたが、それに対する償《つぐな》いというか対価は一切要求しなかった。政界にも大きな影響力を与え、あるいは歴代総理からも尊敬されたというけれども、彼らから先生は何も経済的な恩恵を特に受けていません。

家族の人たちも、有名人や高位高官の家族といった感じはまるでないし、またそういう贅沢な生活はしていなかったですね。

戦争で家は灰燼《かいじん》に帰し、その後、新たに建て直しましたけれど、それは粗末《そまつ》なものでした。応接間すらなかった。ちょっと広い廊下があるくらいで、来客とはそこに椅子を置いて話をされていました。

私生活において、先生はまことに質素でした。だけれども、どこに行っても大事にされましたね。あれが徳というものでしょう。

天地の心を心とする

私は安岡先生が求めた道を追い求めようとしてきたわけですが、その道がどういうものだったのか、厳密にはわかりません。けれども、求めた方向はわかる。というのは孔子の求めたものを求めたわけですからね。

それでは、孔子は何を求めたのか。抽象的に言えば、それは天地の心を心とするということでしょう。だから孔子は天命を追求したわけで、それは先生も同じであったと思います。

けれども、どういうやり方で天命を求めるかは人それぞれで決まったものではない。ただし方向はわかるから、その方向を目指してやっている人とは先生は共鳴されました。

反対に言えば、そういうものを目指さない人は受け入れなかったと思います。先生の弟子と称する人は数多くおりますが、そのなかには先生の盛名《せいめい》を慕って近づいてきた人もいると思います。マスコミなどで歴代総理の指南番《しなん》だとか財界の指導者だとかいろいろといわれているから、そんな人なら一遍会ってみようという人も多かったように思います。

しかし私の場合は、師友会にいようがいまいが関係ない。そうした繋《つな》がりを越えた師弟の絆《きづな》で結ばれていたところがあります。

私はあまのじゃく的なところもあるし、土佐のいごっそう的なところもあって、これだと思ったらパッパと会いに行くし、ダメだと思えばすぐに去ってしまうような性格ですが、安岡先生からは去ろうと思っても去れなかった。

それは私が惹《ひ》かれたのが先生の社会的な声望というようなものとは全く違っていたからでしょう。これが道縁《どうえん》というものかもしれません。

「道縁は無窮だねえ」

偉大な人物に接すると、その人が言葉を発する以前に、風貌《ふうぼう》や雰囲気、何気ない立ち居振る舞いから、理屈抜きに大きな感化を受けることがあります。安岡正篤先生はまさにそういう方でした。

先生の最晩年、昭和五十八年の話です。病気により全国師友協会会長を退任された先生は、実兄の堀田真快《しんかい》大僧正が管長を務められた高野山大本山で静養されていました。このお兄さんは生き仏のような、人品風姿の非常に優れた方でした。安岡先生には何人かご兄弟がありましたが、この堀田大僧正とは特に親しかったそうです。

それで初めは静養のつもりで高野山に上がられて、しばらくご静養されておられたんですが、そこで急に吐血《とけつ》されたようです。高野山では十分な療養ができないからというので急遽《きゅうきょ》帰ることになりました。

しかし東京に帰って入院となると、各界の指導者と称せられた先生のこと、騒ぎが大きくなるのは必定《ひつじょう》です。それで大阪にということになり、幸いに新井正明さんが住友病院の理事長をしていた関係から特別室をあけられて、しばらく療養されることになったのです。

この先生の入院は秘密裏に進められました。主治医などごく限られた人を除いては、医師も看護師も、その患者が安岡先生であることを知らなかったのです。病室も秘密にしていましたし、名前も出していませんでした。私も見舞いに行くときは家内にすら内緒にしていました。

私は当初、そんなに病が重いとは思っていなかったのですが、そっとお見舞いに行くときには必ず山の霊水を持参しました。入院がだんだん長くなるにつれ、これ以上秘密にするのはどうしたものかと思うようになりました。いつまでも家内に黙っているわけにもいきませんしね。そこで私は、実はこうこうであると家内に事情を話しました。ただし「絶対秘密だ。もし外に漏らしたら離縁や」と。

しかし、いくら隠そうとしても、噂はどこからか漏れていくものです。そのうち先生の入院は東京や大阪の一部の人にも知られることとなりました。ところが、ご家族のそろってのご看病のかいなく、先生は同年末（昭和五十八年十二月十三日）、そのまま大阪の住友病院で息を引き取られたのです。

私は山で汲《く》んだきれいな水を一升瓶《びん》に入れて、しばしば見舞いにうかがいました。先生も大分気弱になっておられたのか、私が行くと「道縁は不思議だねえ」と口ぐせのように言われておりました。

最後にお話ししたのは十二月十二日です。ちょっと弱ってはおられましたが、まだ大丈夫と見えました。私が先生の手を揉《も》んでいると、先生が、

「道縁は無窮《むきゅう》だねえ」

と言われたことをはっきり覚えています。私はその日、後ろ髪を引かれるような気持ちで病室を辞去しました。

その翌日、先生の容態が急変したんです。あれは確か午後六時過ぎです。私はそのとき、大阪の四條畷市内で「孟子」の講義をやっておりました。ちょうど素読をしているときに、電話がかかってきました。家内からでした。ある人から「先生がお亡くなりになったから早く病院に行くように」という電話があったというのです。

しかし、講義中ですから「終わったら行くから」と言って電話を切ったんです。すると、また別の人から電話がかかってきて、「あなたが来るまでご遺体は病室にそのまま残しますから一刻も早う来てくれ」と言われました。

そこで私は、講義を途中で止めて、安岡先生がお亡くなりになったことを講義の参加者に話しました。そこに集まった人たちは安岡先生をよく知る人たちばかりでしたから、驚き嘆きました。私はその人たちと一緒に黙禱《もくとう》を捧げて、急ぎ病院へ駆けつけたのです。

病室へ入ると私はお顔の白布を取って、先生の頭を撫《な》でながらひどく慟哭《どうこく》しました。そのあと霊安室に移って、家族はじめほんの一部の人たちだけでお通夜をしたのです。

偉大さの源

安岡先生は入院中、とても立派な態度であったそうです。そのことを私は後日、偶然に知りました。

先生が亡くなられてしばらくして、私も、やはり新井さんの紹介で住友病院に入院したことがあるのです。幸いにして二十日ほどで退院しましたが、私は時間があるとベッドの上で正座をしていました。背中に持病のある私は、長時間ベッドに横になることができず、起きて座っていたのです。

その様子をたまたま見ていたのでしょう。病院の清掃係の初老の女性があるとき私に「いつも正座をされていますね。とても感心して見ていますよ」と話しかけてきました。続けて「この病院の新井理事長と深いご縁のある方だそうですね」と質問してきました。

「ええ。理事長のお父さんの時代から、よく存じ上げていますよ。先生が一緒でしたからね」

「その先生はどなたですか」

「安岡正篤先生という方です」

するとと女性は「陽明学で有名な、あの安岡先生ですか」と、感慨深げな表情で聞き返しました。詳しく聞いてみると、先生が入院中、部屋の清掃を任されたのが自分だったというのです。もちろん、この女性も、当時その患者が誰なのかは一切聞かされてはいませんでした。そして次のような先生の思い出を話してくれました。

最初に部屋に入った途端、ああ、この方は普通の人ではないと気づきました。

それから何度も先生のお部屋に足を運びましたが、いつも手を合わせて拝みたくなるような衝動にかられました。あるとき、先生から「あなた、生活はどうですか」と声をかけていただいたので「お給料が少ないし、なかなか大変です」とお答えしたところ、「あなたの相《そう》はなかなかよろしい。晩年になるほど、よくなっていく。だから挫《くじ》けずに、しっかりおやりなさい」と励ましてくださったのです。そして先生は、丸を書いた紙を私にくださいました。以来、私はその紙を肌身離さず持ち歩いています。

先生が亡くなられて初めて、あの方が有名な安岡先生だと知って驚きました。いまでは自分の孫たちに「しっかり勉強して、ああいう立派な方になりなさい」と話しているのです。

この話を聞いて、私は先生の偉大さの源を知ったように感じました。それは何も先生が総理大臣の指南番であったからではないし、豊富な古典の知識があったからでもない。先生の何気ない仕草や表情、言葉から溢《あふ》れる風格、風韻《ふういん》といったものが、他人に大きな感動を与えていたのです。
それに気づいたとき、私の先生に対する尊敬の念は更に倍加したのであります。

有終の美を飾る

私自身の人生を振り返ると、昭和十年、数えて二十歳のときに安岡先生という大人《たいじん》と出会うことができたのは、とても大きな出来事でした。先生と出会わなかったら、また別の道を歩んでいたかもしれません。

一方で精神的などん底を体験したこともあります。とくに二十年に戦争で日本が敗れたときは、お先真っ暗な状態でした。日本人の価値観は百八十度逆転し、今日に至るまで混乱を続けています。しかし、そういう中にあって私の考え方や生き方は若い頃から一つも変わっていません。

私が節を屈しなかったのは、安岡先生との邂逅《かいこう》に加えて、易と『論語』を学んでいたからにほかなりません。特に戦後、私は易を追究し、将来この国がどのようになるかを見てきたおかげで、目の前の現象に振り回されずに済んだのだと思っています。

長年、人知れず山の中に籠もって若者の教導《きょうどう》に当たってまいりましたが、九十五の現在でも月に数回は各地から講演にお招きいただいています。元気で仕事ができるのはありがたいことです。

よく「定年後は、のんびりと余生を送りたい」という声を聞きますが、私に言わせたら六十歳という年齢は体力的には衰えがきても人間的な旨味《うまみ》が出るとき。長年蓄積した経験もあります。こういうときこそ新しい志を持って前進すべきではないかと思います。大手企業のトップとしてバリバリ働いていた人が、退職した途端、どこからも声がかからなくなったという話を聞くと残念でなりません。

六十歳から九十歳までは三十年という長い時間があります。この間、個人的な利害を超えて活動を続けたら周囲の尊敬を集めながら、一廉《ひとかど》のことを成し得るでしょう。このように考えると、生きている以上、使命感を抱いて努力し続けることが何より尊いと思うのです。

まさに安岡先生はそういう生き方をした人でした。四書五経の一つ『詩経』に「始めあらざるなし、克《よ》く終りある鮮《すくな》し」とあるように、人生の有終の美を飾るのはとても難しいといえるかもしれません。私もまだまだ「道遠し」ですが、終わりの日まで日々に新たに精進を続ける覚悟であります。

安岡先生の墓前で（東京・染井霊園）

あとがき

「瀉瓶《しゃびょう》」という言葉があります。

師は己の一道を通じて得たもののすべてを弟子に注ぎ込む、弟子もまた一滴も零《こぼ》さずにそれを受け止める。教える者と教わる者の真剣勝負を思わせる緊張に満ちた、それでいて一心同体と化した親密な学びの姿を表現した言葉です。安岡正篤師と伊與田覺先生の師弟関係はまさに瀉瓶そのものでした。

伊與田先生が安岡師に会われたのは昭和十年、二十歳の時で、安岡師は三十八歳でした。初めて講義を聴き、この世にこんな人がいたのかと感動に体が震えた、とは伊與田先生がことあるごとに述懐されていることです。まさに運命の出会いでありましょう。そして瀉瓶の日々を半世紀、昭和五十八年に安岡師は亡くなられました。伊與田先生は一年間の喪に服されましたが、気力が萎《な》え、立つこともかなわなかった、とものに書かれております。学問の師は数多くおられますが、伊與田先生にとって安岡師は唯一の魂の師であったことがしのばれます。

伊與田先生には平成十七年以来、弊社が主催する古典活学講座の講師を務めていただいております。講座は月に一回で一クール六回。『大学』にはじまって現在『老子』を学んでいるところですが、間もなく百歳に手が届こうという伊與田先生の矍鑠《かくしゃく》として滋味に溢れたご講義は、安岡師に瀉瓶されたものに積年の人生の深みを加え、受講生に深い感動を与えています。

その折、伊與田先生が漏らされたお話で、お手元に安岡師からいただいたお手紙が二百通ほどあることを知りました。安岡師に師事された方は何人か存じ上げておりますが、二百通ものお手紙をいただいておられる方は他に知りません。このままにしておいたらどうなるのか、という思いがかすめました。それが本書のそもそもの発端となりました。

安岡師の流麗で達筆な筆跡はいまの人には読み下すのも難しく、このままではあたら宝を埋もれさせてしまうことになるのではないか、という懸念にせき立てられました。一通一通のお手紙の背景や込められた思いを伊與田先生に解説していただくことで、師とは、弟子とは、学ぶとは、生きるとは、といった人生の要を浮き彫りにすることができるのでは、と考えました。

しかし、当方の提案に伊與田先生はためらわれました。安岡師の私信、という思いがためらいとなられたのでしょう。その背中を強く押して伊與田先生を出版に踏み切らせてくださったのは、本書の趣旨に賛同していただいた幸子夫人でした。

こうして本書の出版は成りました。本書には数多くの手紙の中から、十五通を精選させていただきましたが、いま本書を手にして、珠玉と言える一書を編むことができた、という確信を深めております。

瀉瓶を尽くす師弟の深い交わりが一人でも多くの人の心に届き、その人生に資するものになることを願ってやみません。

平成二十二年六月　木々の緑彩やかな日に

株式会社致知出版社
代表取締役社長　藤尾　秀昭

安岡 正篤（やすおか・まさひろ）
明治31年大阪市生まれ。大正11年東京帝国大学法学部政治学科卒業。昭和2年(財)金雞学院、6年日本農士学校を設立、東洋思想の研究と後進の育成に努める。戦後、24年師友会を設立、政財界のリーダーの啓発・教化に努め、その精神的支柱となる。その教えは人物学を中心として、今日なお日本の進むべき方向を示している。58年12月死去。
著書に『日本精神の研究』『いかに生くべきか――東洋倫理概論』『王道の研究――東洋政治哲学』『人生、道を求め徳を愛する生き方――日本精神通義』『経世瑣言』『安岡正篤人生信條』ほか。講義・講演録に『人物を修める』『易と人生哲学』『佐藤一斎「重職心得箇条」を読む』『青年の大成』（いずれも致知出版社刊）などがある。

著者略歴

伊與田 覺（いよた・さとる）

大正5年高知県に生まれる。学生時代から安岡正篤氏に師事。昭和15年青少年の学塾・有源舎発足。21年太平思想研究所を設立。28年大学生の精神道場有源学院を創立。32年関西師友協会設立に参与し理事・事務局長に就任。その教学道場として44年には財団法人成人教学研修所の設立に携わり、常務理事、所長に就任。62年論語普及会を設立し、学監として論語精神の昂揚に尽力する。

著書に『「人に長たる者」の人間学』『「大学」を素読する』『己を修め人を治める道　「大学」を味読する』『「孝経」　人生をひらく心得』『人物を創る人間学』ほか、『「論語」一日一言』の監修（ともに致知出版社）などがある。

安岡正篤先生からの手紙

平成二十二年六月三十日第一刷発行

著　者　伊與田　覺

発行者　藤尾　秀昭

発行所　致知出版社

〒150-0001東京都渋谷区神宮前四の二十四の九

TEL（〇三）三七九六―二一一一

印刷　㈱ディグ　製本　難波製本

落丁・乱丁はお取替え致します。　（検印廃止）

ISBN978-4-88474-886-9 C0095

ホームページ　http://www.chichi.co.jp

Eメール　books@chichi.co.jp

『致知』には、繰り返し味わいたくなる感動がある。繰り返し口ずさみたくなる言葉がある。

私が推薦します。

稲盛和夫 京セラ名誉会長

人の心に焦点をあてた編集方針を貫いておられる『致知』は際だっています。

鍵山秀三郎 イエローハット相談役

ひたすら美点凝視と真人発掘という高い志を貫いてきた『致知』に、心から声援を送ります。

北尾吉孝 SBIホールディングスCEO

さまざまな雑誌を見ていても、「徳」ということを扱っている雑誌は『致知』だけかもしれません。学ぶことが多い雑誌だと思います。

中條高徳 アサヒビール名誉顧問

『致知』の読者は一種のプライドを持っている。これは創刊以来、創る人も読む人も汗を流して営々と築いてきたものである。

村上和雄 筑波大学名誉教授

『致知』は日本人の精神文化の向上に、これから益々大きな役割を演じていくと思っている。

渡部昇一 上智大学名誉教授

『致知』は修養によって、よりよい自己にしようという意志を持った人たちが読む雑誌である。

安岡正篤シリーズ

人物を修める—東洋思想十講—
安岡正篤 著
仏教、儒教、神道といった東洋思想の深遠な哲学を見事なまでに再現。安岡人間学の真髄がふんだんに盛り込まれた一冊。
定価／本体1,500円

易と人生哲学
安岡正篤 著
難解と言われる「易経」を分かりやすく、親切の限りを尽くして、基本思想から解説。最良の「易経」入門書である。
定価／本体1,500円

立命の書「陰《いん》騭《しつ》録《ろく》」を読む
安岡正篤 著
人生には、宿命・運命・立命がある。道徳的努力によって自らの運命を拓き、立命へと転換を図る極意を学ぶ。
定価／本体1,500円

呻《しん》吟《ぎん》語《ご》を読む
安岡正篤 著
第一等の人物とは——。明末の儒者・呂新吾の著した人間練磨、自己革新の書が安岡師を通してよみがえる。
定価／本体1,500円

青年の大成—青年は是《かく》の如《ごと》く—
安岡正篤 著
さまざまな人物像を豊富に引用して具体的に論説。碩学・安岡師が青年のために丁寧に綴る人生の大則。
定価／本体1,200円

いかに生くべきか—東洋倫理概論—
安岡正篤 著
若き日、壮んなる時、老いの日々。それぞれの人生をいかに生きるべきかを追求。安岡教学の骨格をなす一冊。
定価／本体2,600円

経《けい》世《せい》瑣《さ》言《げん》総論
安岡正篤 著
人間形成についての思索がつまった本書には、心読に値する言葉が溢れる。安岡教学の不朽の名著。
定価／本体2,300円

佐藤一斎『重職心得箇条』を読む
安岡正篤 著
江戸末期の名儒学者・佐藤一斎の不易のリーダー論「重職心得箇条」。人の上に立つ者の心得が凝縮されている。
定価／本体800円

安岡正篤 人生信條
安岡正篤 著
共に研鑽の道を歩む師友同志の綱領、規約、指針をまとめた『師友の道』を復刻・改題。安岡師の人生を導く言葉を凝縮。
定価／本体1,000円

安岡正篤一日一言
安岡正泰 監修
安岡師の膨大な著作の中から金言警句を厳選。三六六のエッセンスは、生きる指針を導き出す。安岡正篤入門の決定版。
定価／本体1,143円